だけど
だいじょうぶ

「特別支援」の現場から

農中茂徳

石風社

装画〈表紙カバー〉阿部守

まえがき

さまざまな仕事場で働き、三〇歳になる頃に、私は福岡県内の県立学校に勤めることになった。そこでの仕事は、子どもたちに責任をもつということである。教室に入って子どもたちの前に立った時、そこに、かつての私がいると思った。

最初に赴任した学校は、聴覚「障害」の子どもたちのための聾《ろう》学校だった。その後、知的「障害」の子どもたちのための養護学校に転勤。そして、別の聾学校へ。さらに、一九七九年の「養護学校の義務化」によって設置された知的「障害」の養護学校に異動した。

時代が移り、盲《もう》学校や聾学校、養護学校といったいわゆる「特殊学校」は「特別支援学校」へと名称が変更。現在では、養護学校は〇〇特別支援学校、聾学校は〇〇聴覚特別支援学校、盲学校は〇〇視覚特別支援学校というふうに呼ばれている。ちなみに小学校や中学校の「特殊学級」は「特別支援学級」と呼ばれるのが一般的である。

中身にそれほど大きな変化があったわけではない。以前と同じように、基本的には小学部と中学部があり、幼稚部や高等部を置いている学校もある。県立の場合は寄宿舎を併設している学校もあって、それぞれの学部は、「一般学級」と「重複学級」で構成されている。

「重複学級」というのは「障害」が合わさった子のための学級のことで、自宅からの登下校が困難だったり入院していたりする子のために、訪問教育を行っている学校もある。また、高等部だけの学校があり、その上に専攻科を置いた学校もある。

そんななか、知的「障害」の特別支援学校では、このところ全国的に児童生徒数が増加しており、先が見えない肥大化に困惑している学校がある。少子化の進行が心配されている時代に、なぜ児童生徒増なのか。そこには、学校関係者だけでなく、学校に信頼を寄せる人たちも考えるべき問題が存在しているのだが、問題はうやむやのまま、解決の見通しはたっていない。わかりにくいということを理由に、学校や地域だけでなく社会全体がその議論を避けているようにも思える。

私は障害に「」を付けている。障害というのは、当事者の問題というより、私を含めた周りの人々の問題であると思うからである。


学校には、家族の愛情をいっぱい受けながら通っている子もいるが、やって来る子どもたちの多くは、さまざまに苦しい事情をかかえている。

「できない、できない」と言われ続けた子がいる。「みんなのじゃまだ」と言われた子がいる。汚い言葉をくり返しあびせられてきた子がいる。親から見放され、おとなへの信頼をなくした子がいる。それまでの自分ではなくなり、自分の存在価値を見失った子がいる。

そばにいた私は、「だけど」という言葉を浮上させ、心のなかで声をかけていた。

「だけど、だいじょうぶ。人生は今だけじゃないから。ぼくが生きてきたように、十年後、二〇年後を生きてみようよ」と。

だけど だいじょうぶ 「特別支援」の現場から◉目次

だけど だいじょうぶ 「特別支援」の現場から

Ⅰ　手話は禁止されていた

学校間交流

福岡県立直方聾《のおがたろう》学校は、中央橋というバス停から住宅地の坂を上りきった所にあった。ブロック塀に囲まれ、塀の内側には、石膏《せっこう》でできた少年の像が見えていた。校門を入ると、幼稚部から高等部までの教室や職員室の棟が続き、体育館や高等部の職業棟があり、その奥に窯業《ようぎょう》科棟と寄宿舎があった。ここが、私の初任校。

事務室で用件を伝えると、校長室に通された。辞令交付についての話が教務主任の先生からあるということで、しばし待つことになった。出されたお茶を口にすると、それまでのアルバイトを含む仕事の数々が思い出された。

ペンキ屋の鑢《やすり》かけ、冷蔵倉庫内での飲料水の仕分け、コイル工場での切断作業、深夜の弁当作り、アドバルーンの安全管理、資材置き場の夜警、銀座のデパートでのケーキ販売、不動産会社の電話当番と帳簿整理、暗室でのマイクロフィルムの撮影、点字出版社での図柄の点打ち、市役所の仕事、中学校での臨時講師、……。


人の気配を感じて振り返ると、部屋のドアの所に人が立っていた。

「考え事の邪魔をしたごたるね。教務主任の福留です、よろしく」

私はあわてて立ち上がり、頭を低くして挨拶をした。

「農中《のうなか》です。よろしくお願いいします」

福留先生は小柄だが、眼光が鋭かった。説明は、短いがわかりやすかった。

「校長も教頭も急用で、今日はここに来れんごとなった。だけん、辞令交付は後日。農中先生は小学部五年一組の学級担任になってもらう。さっそく明日から。ところで、あんたの職歴はえらく多いごたるが、この仕事、途中でやめなんなよ（辞めるなよ）」

私は、「仕事、がんばります」。さらに、「辞めることはないと思います」と続けた。心の中で呟いていた。「どんなに叩かれても大丈夫、手放すようなことはしませんから」と。

学校は全面改築の最中で、新しい運動場を含む大規模工事が、西側の谷を拓《ひら》いて行われていた。敷地の地番も、頓野《とんの》から感田《がんだ》に変更されると聞かされた。

給食調理室だけは、すでに稼働していた。昼食の時間になると、しばらくの間だったが、児童生徒と職員は狭いブロックの階段を上り下りしながら、新築の給食調理室で用意された食缶を、旧校舎まで運ばなければならなかった。もちろん雨の日も。

聾学校の南には、福岡県立筑豊工業高校（現在の筑豊高校）があった。石炭産業が盛んだった時代には、技術習得のために、九州一円の若者がここに集い、学んでいたという。

聾学校からさらに南へ、車で十分ほどの所には、県立の直方養護学校があった。いわゆる「義務化」を視野に、知的「障害」児のための小学部、中学部、高等部、寄宿舎が設置され、養護学校教育のモデル校として機能していた。

福岡市への出張があると、国鉄（現在のJR九州）の路線バスか西鉄の高速バス、あるいは篠栗線《ささぐり》（現在の福北ゆたか線）で往復していた。私は中古の自家用車で通った。

車だと、宮田町を通って脇田温泉の旅館街を抜け、犬鳴峠《いぬなき》を越す。犬鳴峠のトンネルは、狭くて暗かった。道は出口の先で、左に直角に折れ、スピードの出し過ぎや脇見は禁物。脱輪すれば正面の谷底にまっ逆さまとなる。数年が過ぎ、司書橋付近から久山《ひさやま》方面に長いトンネルが掘られ、通過の安全と利便性が確保された。その後、ダムの建設も行われ、今日に至っている。

私は学生時代に、東京都立の立川《たちかわ》聾学校で、聴覚「障害」児の概念形成の調査の手伝いをしたことがあった。しかし、聾学校で授業をするのは初めてで、会話ができないので不安に思っていた。そんな私を、学級の子どもたちは余裕の目で見ていた。

目が輝き、まっすぐで美しく愛らしかった。私はその時、健聴者である自分の方が異邦人だと思った。なにしろ学校の中では、聴こえて自由に会話ができる者の方が、圧倒的に少数だったのだから。

はりきって赴任した私は、先輩の先生たちから、「授業で手話を使ってはいけません」とまっさきに言われた。「手まねもダメです」とクギを刺された。いわゆる典型的な口話《こうわ》主義教育。手話や手まねなどは、日本語の取得に支障をきたすという理由で、厳しく禁止されていた。職員室で手話を使って話していた生徒が、先生からその手を叩かれる場面があった。それでも聴覚「障害」の当事者である児童生徒間では、手話がまるで公用語であるかのように、堂々と使われていた。その落差に、私は服従と連帯の姿を見ていた。

子どもたちの多くは、列車やバスなど公共の交通機関を使って通学していた。私にはわからないこの連続。それでも運がいいことに、隣の席には、小柄だが明るく元気な浜村先生がいた。

浜村先生は、早口の人。そして、健康法の一つなのだろうが、しゃべっている間、背もたれ付きの回転椅子の上に正座。だが、出席簿や学級会計簿の扱い方などの説明は丁寧で的確。おかげで、学級運営に不安を感じることはなかった。

子どもたちは音楽が大好きだった。担当は菊畑先生。菊畑先生は、ハーモニカとアコーデオンを奏でながら、あらゆる曲の伴奏をする。懐かしの古い歌から、現在の流行の歌まで、楽しそうに弾いてくれる。その技術はまるで魔術師。私のなかの予断が吹っ飛んでいた。

私は、がむしゃらに仕事をした。寄宿舎の舎監《しゃかん》としての泊まりがあるのだが、連泊しても、きついとは思わなかった。

「ウェーハー・メソッド」の研修会が案内されると、すぐさま手を挙げ、参加するために東京へも行った。洋菓子のウェハースを細かくして舌の様々な部位に貼り、口の中での舌の動きを確認しながら、発音の明瞭度を向上させる方法だった。職場にもどって報告し、説明はしたものの、自分の授業にこの手法をとり入れることはできずに終わった。

そうした日々のなかで、私の脳裏には、一つの言葉が去来していた。「地域に所属する」という言葉である。

当時、滋賀県能登川町で、福井達雨さんが主宰する止揚《しよう》学園が展開していた実践と、養護学校義務化への反対運動には説得力があった。止揚という言葉が魅力的だった。止揚とは、ドイツ語でのアウフヘーベン（aufheben）。社会学でいうところの弁証法的発展である。私は、「矛盾した社会的状況の発展的解決」と解釈し、今も使っている。

「地域に所属できていないと、笑顔が消える」。

止揚学園からのこの報告に、私はずっと魅かれていた。私の学級の子どもは四人。その四人を含む聾学校の子どもたちは、はたして地域に所属できているのだろうか。

また、近くに養護学校があるが、そこで学ぶ子どもたちは、スクールバスで通っている。こうした、いわゆる「障害」児が「地域に所属する」とはどういうことなのか。そうしたことを、私は漠然と自問していた。

聾学校での新校舎への移転が完了し、しばらく経ったある日のこと。私は二階会議室にいた。南側の窓から外を見ていたら、バス停に急ぐ子どもたちの姿が見えた。すると、そのなかの一人が補聴器をはずし、もどかしそうにカバンに入れた。その時は、何とも思わなかったが、数日後の朝、今度は校門に入る前に補聴器を付ける姿を見た。あわてている様子がなんとなく不自然に思えた。

補聴器の電池は、電池チェッカーで点検を行う。それぞれの耳の内側の形に合わせて作られたイヤモールド（耳栓）の点検も必要で、ぴったり合っていないと、「ピーピー」と音漏れがする。その調整を担任や聴能訓練の先生が時々行う。

音漏れがしていないので安心していると、電池切れの場合が多い。電池がないから、「聴こえんやろう?」と問うと、ほとんどの子がすまし顔で「聴こえる」と適当に返事する。こちらも「そう」とすまし顔のまま電池を交換して、付け直させる。すると、何か獲物を捕まえた時のように、一瞬その子の顔が輝き、「聴こえる」と嬉しそうに言う。

補聴器を付けていると、夏場には汗で耳が痒くなり、はずしたくなる。しかも、当時の補聴器はボックス型が主で、本体は胸に固定され、一本のコードで耳栓につながっていた。そのため胸のふくらみやコードが目立ってしまう。バスや列車の中では、他人の視線が容赦なく刺す。だから、学年が上がるにつれて、補聴器を付けなくなる。

私は四人の子どもを卒業させ、「養護・訓練」という専科の担当になっていた。授業中に、視線のことを話題にしてみた。すると、六年生の安孝《やすたか》がみんなの気持ちを代弁して言った。

「補聴器を付けていると、周りの人が自分をジロジロ見る。うるさいからはずす」

音をとらえる喜びを、ぶしつけな視線が押しつぶしていたのだ。

不愉快な視線を遮断すると、気持ちが楽になる。だから、耳からの音声を断念してまでも、補聴器を人前で隠すようになる。しかし学校では、先生からの注意や叱責があるので、しかたなしに付けておく。そんなことが明らかになった。これはもはや、聾学校の子どもたちの責任とは言えない。むしろ、地域の人々の理解の在りように問題がある。

夏休み明けのことだった。日焼けした顔の子に混じって、入院していたのかと思うほど色白の子がいた。

「病気しとった?」と問うと、「元気よ」と言う。

「山に行ったり、プールに行ったりは?」とさらに問うと、

「どこにも行っとらん」という返事。

「お母さんも仕事だから、がまんして家におった」

と言って笑った。私は笑えなかった。

聾学校の子は、地域の子ども会との縁がないから、朝のラジオ体操に誘ってもらうことがない。案内がないから、子ども会の行事に参加することもない。近くに小学校のプールがあっても、条件が整わないから、利用することができない。

まさに八方塞《ふさ》がりの状況で、長い休みを過ごしていたことを知った。自転車をこいだり、バスを乗り継いだりして、同じ聾学校の遠くの友だちの家まで遊びに行くという子がいたが、聾学校の子どもたちにしてみれば、それは普通のことだった。

聾学校の子どもたちの大多数は、まるで大都市圏の通勤労働者のようだった。朝、家族の誰よりも早く食事をすませ、定期券を確かめて公共の交通機関に乗る。学校が終わると、帰る列車の中で宿題をすませ、近所の子どもたちが声をあげて遊ぶなかを帰宅する。事故などで列車が臨時停車した場合には、音声案内だけでは事情が理解できないから、周りの人の動きを見ながら右往左往しなければならない。

緊急事態のことを思うと、保護者の心配は尽きなかった。

子どもやその家族が地域に所属する。そのために私にできることは何か。私は、自分にもできると

りくみとして、学校間交流に力を入れた。

当時の学校現場の状況は、「主任制度」*の導入をめぐり、日本教職員組合（いわゆる日教組《にっきょうそ》）と文部省が対立し、ストライキで対峙するほど厳しい関係にあり混乱していた。したがって、学校間交流についての共通認識はなかなか進まず、実際のとりくみは手探りだった。

そんななか、日教組が提唱する「共同教育」という言葉を知った。それは、経験も知見も乏しい私にとっては、貴重な指針となった。「対等、平等の立場でのとりくみ」「集団対集団としてのとりくみ」というのが印象的だった。

やがて、対象となる小学校と連絡がついた。ところが、相互の校務分掌に交流委員会を組織するところまでは進んだのだが、具体的な一歩が踏み出せない。聾学校への返事は、水をさすような心配事ばかり。

「もめ事が起き、喧嘩になったらどうしましょう」

「活動中に事故が起きたら、どちらの責任になりますか」

「聾学校の子への差別発言があった場合の対応は」、などなど。

前例がないので、できれば辞退したかったのだろう。初めの一歩を踏み出すまで何カ月も要した。

聾学校で交流を担当する若い先生が、痺《しび》れをきらし苛立っていた。

「そげんまでして、交流をせんといかんのですか、農中先生。もう止めましょうよ」

私も苛立っていた。だが、なだめるように言った。

「止めるわけにはいかんたい。一つの学校を変えることができんで、地域を変えることなんてできんやろう。大きな仕事には時間がかかるとよ。僕は諦めん。学校は、人が替わっても残るとやから」

ちょうどその頃、私は中間《なかま》市の隣保館《りんぽかん》＊で行われていた補充教室に、同僚の先生たちと通い始めていた。そこで、就職試験を受ける際に提出する「社用紙」＊の問題点と就職差別について学んだ。また、『いのちの底が抜けたァ』（径書房　一九八四年）の著者である石元シゲ子さんの話を聞いた。さらに、「差別の現実に深く学ぶ」という、差別をなくし、人権の確立をめざしていくためのテーゼ（命題）についても考えた。

やがて学校間交流は、両校の息が合い、待望の動きが始まった。子どもたちにとって新しい形態の学びが始まったのである。小学校の子どもたちの正直な気づきが、感想文からもうかがえる。

「耳に何かつけているのがきもちわるかった」

「おいで、とさそったけど、だまっていたので、おもしろくなかった」

「ろう学校の人は、数が少ないので話す機会がなかった」

＊主任制度　学校には校長や教頭の他に、もともと教務主任や学年主任といった校務運営を円滑にしていく分掌があった。しかし、一九七五年十二月の法改正により、手当の給付と校長による選任が実施されたことで教員間に激しい対立が生まれ、職員室はしばしば紛糾の場になった。

＊隣保館　地域における福祉の向上や人権・同和問題の啓発活動を推進する施設。一九六九年の同和対策事業特別措置法の制定によって、全国各地に設置された。

＊社用紙　企業が採用時に用いた独自の応募書類。内容について協議していた全国高等学校校長協会と文部省（現在の文部科学省）、労働省（現在の厚生労働省）は、一九七三年にいわゆる「統一応募紙」を策定し、その後も改善が続けられてきた。「社用紙」の項目の中には、本籍地や自宅周辺の地図、「尊敬する人物」など、本人の努力ではどうにもできないことやプライバシーを侵害する内容を問う欄がいくつもあった。

「言葉が通じないから、どうしていいかわからなかった」

感想文には書かれてないが、別れる時に握手をした子が、自分の手をズボンのお尻の所で拭っていた。聴こえないことを病気だと思い、うつると教えられていたのだろう。いずれにせよ、通常ではなかなか見えない「ろう者」との関係が、実際に向き合うことで明らかになっていくのだった。

「最後に、教頭先生の指示であいさつをしたが、私はばらばらでもいいから、自分自身の本当の気持ちを言わなければ、はげましあいにならないと思う。ろう学校の人が講堂を出ていった。私はなんとなく急にさみしくなった。それにあっけなさ過ぎたと思った。今度は私たちが、ろう学校を訪問したいと思った」

この子の感想は、教員の側の義務的で事務的な対応のありようを、やんわり刺していて考えさせられる。

補聴器を隠す理由を話してくれた安孝は、小学校との交流には行きたくないと言った。おそらく過去に、近くに住む子どもたちから、何らかのいじめにあっていたのかもしれない。

鞍手郡から通っていた正彦は、自分の「障害」を自覚し、そのことを含めて自分を紹介した。それは、正彦にとっての「障害」者宣言だった。正彦が口話で話している間、私は全身が耳になっていた。

「ぼくはろう学校の四年生です。すきな食べものはホルモンとかしわとすしです。おおきくなったら運転手の仕事をして、キャンピングカーでながたびをしたいです。おはなしのとき、はやく言うと、ぼくやろう学校のみんなはわかりません。ゆっくりはなしてください。どうぞよろしくおねがいします」

自分で精いっぱい考え、迷い、決意し、緊張しながら言っていた。言葉を選ぶようにして話す正彦が、私には別人のように見えた。

こうして学校間交流の道筋ができた。

しかし、学校間交流には一過性という限界があった。残念なことに、ふだんの暮らしには直結していない。その時が終わると、いい関係がしだいに冷めてしまうのだ。

それでも、「本当の気持ちを言わなければ、はげましあいにならない」という言葉が、多くの人の心に残った。

その後、学校間交流と平行して、その子が住んでいる地域の学校で過ごす居住地校交流が行われるようになっていく。この居住地校交流もまた、軌道に乗るまでにはそうとうの時間を要することになる。「障害」児が地域に所属していく。その道は、一つではないということを考えていた。

スピーチ

初任校で担任した五年生の学級に、千尋《ちひろ》がいた。

千尋は、勝ち気な女の子で、少々いたずらっぽいところがあった。教室に入ろうとした時、引き戸の上に挟んであった黒板ふきが、私の足もとで跳ねた。千尋は手を叩き、大笑いしながら逃げて行った。手話や指文字がわからず、口話教育も中途半端な私が、教室で伝えたいことも伝えられずにオロオロしていると、千尋はそのしぐさを真似て楽しそうに笑った。

喧嘩の仲裁をしている時の目には力があり、度胸があった。人前ではめったに泣き顔を見せないが、いったん泣きだすと、大粒の涙をぽろぽろこぼして泣いた。

その千尋から一通の封書が家に届いた。

当時から二十年がたっている。結婚式の案内状が入っていた。披露宴が行われる会場は、福岡市内の中洲《なかす》に近いホテルだった。

私はすでに、会場に近い地下鉄の出口に向かう階段まで来ているというのに、頼まれたスピーチの内容をなかなかまとめきれないでいた。

千尋は聴覚に「障害」があり、通称「学園《がくえん》」と呼ばれる「ろうあ児施設」(当時は、聾学校の近くには福祉施設が設置されていた)から通っていた。「学園」での彼女の評判はよく、とくに、年下の子どもたちの面倒見がよいということだった。

結婚した相手の男性はどんな人なのだろう。二人は、どんな話をしたのだろう。そんなことを考えながら歩いているうちに、ホテルの前まで来ていた。スピーチのテーマはまだ決まらない。何かが気になっているのだが、その何かがはっきりしない。仲人さんの挨拶を聞いてからでも遅くはなかろう。そう心に決めて受付の前に立った。

千尋の実のお父さんは、千尋が幼い時に家を出て、その後、亡くなったと聞いていた。やがて千尋のお母さんに再婚の話がもちあがった。その際、聴こえに問題があった千尋は「学園」への入所という措置がとられた。「障害」のない弟さんだけが、お母さんの子として話が進み、他県へ去って行った。

それ以上のことはわからなかったが、周りのおとなたちの都合や偏見が先行していたということである。声が聴こえないという理由で、千尋は「学園」で暮らすことになった。そして、「学園」から聾学校に通うことになったのである。

夏休みや冬休みなど長い休みになると、「学園」で暮らす子の多くが里帰りをする。いわゆる帰省《きせい》である。千尋も帰省していた。そこは叔父《おじ》さん夫婦の家だった。その家には幼い兄弟がいたが、そこでもその子たちの世話をよくしていた。千尋は叔父さん夫婦にかわいがられていた。千尋はすっかり馴染み、いつしか叔父さんを「お父さん」と呼び、叔母《おば》さんを「お母さん」と呼ぶようになっていた。

考えているうちに、披露宴が始まった。

千尋の夫となる男性は、別の聾学校の出身で、電気技師の仕事をしているということだった。背が高く、もの静かな感じである。きっと優しい人なのだろう。

「こりゃあ、新郎さんはヨメさんの尻にしかれるばい」

同じテーブルに座っていた新郎の上司だという人が、ニヤニヤしていた。

仲人は竹芝先生。高校の英語の教員で、かつて私と同じ聾学校に勤めていた。千尋が高等部に進んだ時には、事情を汲んで学級担任を引き受けてくれた。人事異動で、私は聾学校を去ることになったのだが、竹芝先生は千尋が卒業してからもこまめに面倒をみてくれていた。

千尋の友人として披露宴に出席していた人の多くは聴覚に「障害」があったので、会場には手話通訳の人が同席していた。

聾学校で手話を使うことは禁止されていたのだが、竹芝先生は以前から自分で手話を習っていた。流暢な手話で、新郎新婦のなれそめから話し始めた。もともと穏やかでわかりやすい手話を使う人だったが、この日の手話は、ひときわ美しかった。この日のために、かなりの練習を重ねていたことがうかがえた。竹芝先生の話に、出席者全員が引き込まれていた。手話を見つめる千尋の目には、涙があふれていた。

そうだ、あの時も千尋は大きな目からポロポロと涙をこぼしていた。

千尋が小学部六年生の時だった。朝の会をするために教室に行くと、しゃくりあげるようにして泣いていた。理由をたずねても下を向いて泣くばかり。

「どうした。誰かと喧嘩したんか」

ふだん仲が良いのに喧嘩もよくする同級生の徹《とおる》にきいてみた。しかし、徹は口をとがらせ手を振って打ち消し、少し離れた所から心配そうに見ていた。じゃれ合いから喧嘩になってしまうことがあるのだが、今回はそうではないらしい。

「言われたっち。お母さんじゃない、おばさんて言われたっち」

そばで心配しながら見つめていた悦子が説明してくれた。悦子は難聴で、人の声がある程度聞きとれるので、私と学級の子どもたちとの通訳をしてくれていた。何度か聞き返し、確かめているうちに、いくらか事情がのみ込めてきた。

原因は、千尋に対する「学園」の園長先生の言葉だった。

「あの人たちは、おじさんとおばさんであって、お父さん、お母さんではない」

そう言われたようなのである。

その日、子どもたちが下校してすぐに、私は「学園」に行った。気持ちを押さえながら冷静に尋ねるつもりだったが、私の頭にはそうとう血がのぼっていたようである。

「園長さん、おられますか」

「おるばい。おや農中先生、何事ですな」

「ちょっとよかですか」

「よかけどくさ、なんでそげんむずかしい顔しとると。えらくかっかしとるやないね」

「かっかもするですよ。千尋に、言わんでもいいことを言うたでしょう」

「ああ、叔父さんと叔母さんのことかね」

「そう、そのこと。たしかに嘘じゃないけど、突然すぎるでしょう。もっと優しい説明のし方があるでしょうが。ちょっとひどすぎるんやないと。千尋は、朝から教室で泣いとるが」

いきさつを確かめていくうちに激しい口論となった。

「本当のこと言うて、何が悪いとね」

園長先生も負けてはいなかった。そして吐き出すように言った。

「子どもに手がかからんような年頃になると、きまって誰かが親の面《つら》さげて引きとりに来る。勝手なもんたい。一番手のかかる時には、私らが面倒みよるとばい。引きとりますと言われたからといって、確かめもせずに、はいどうぞ、というわけにはいかんやろう。そんな苦労があんたにわかるかね。事情をよう知らん者が、えらそうなこと言いなんな。あの子の身内でもないとに、あつかましいばい」

事情を整理すると、叔父さん夫婦から千尋との養子縁組の相談がもちかけられていたのだった。こうした動きに対して、千尋の実のお母さんは反対の立場で心配されているのだという。千尋の将来のことは園長先生に任せている。それがお母さんの考えであるらしい。

しかし、それを知った私はいっそう納得がいかず、いちだんと激しくやり返した。

「そんな無責任な話があるもんですか。千尋は自分で選べなかったわけでしょう。千尋は捨てられたも同然のこと。いくら実の母親とはいえ、今さら口を出すくらいなら、自分が引きとればいいじゃないですか。引きとって親らしくすればいいじゃないですか。なぜ引きとらんのですか。放っておきながら、いちいち指図することこそあつかましいというもんでしょう。親だという気持ちがあるのなら、その子が幸せになりそうな道をしっかり見守っていく。それが責任をとるという生き方でしょうが」

その場の話は平行線のまま終わったのだと思う。私はどう幕を引いて帰ったのか、覚えていない。冷静さを失くしていたことだけ覚えている。後で知ったのだが、突然の激しいやりとりに、その場に居合わせた先生たちはあきれて、しばらくは仕事に手がつかなかったらしい。

千尋をめぐって、周りのおとなたちの関係がもつれ合っている。おそらくそれぞれが、千尋の幸せを願っているにちがいない。にもかかわらず千尋本人は涙をこぼしながら苦しんでいる。これでは誰もが報われないではないか。いたたまれないまま、数日が過ぎた。私は私なりに考えていた。考えぬいた末、実のお母さんに手紙を書くことにした。

翌日、あらためて「学園」に行き、園長先生に会った。考えていたこと、出した結論のことなどを丁寧に話した。そして実のお母さんの住所を教えてほしいと頼んだ。園長先生は、何も言わずに在園者台帳を取り出し、そこを開いてくれた。

私の場合も、私が十歳の頃に両親が離婚していた。子どもは親を選べない。子ども心に、父と母の間がしっくりいっていないようだと感じ始めていたが、何もできなかった。原因は自分にあるのではないかと思った。自分にできることは何でもしようと心がけた。忘れ物をしない。朝は自分で起きる。食事はさっさと食べる。学校から帰ったら、遊ぶ前に七輪《しちりん》の火熾《おこ》しをする。両親が喜びそうなことをあれこれ考え、やっていた。

それでも事態は好転しなかった。ついに子どもにも分かる破局の日がやってきた。ただ耐えた。楽しかった幼い日の思い出は、心の奥にしまい込むしかなかった。そして、耐えながら表面上は明るく振る舞う。そんな日々が続くことになった。

私は自分の生い立ちのことを重ねながら、千尋の置かれた状況のことを書いた。そして関係するおとなたちが直接会って、千尋の幸せについて話し合ってくれるように訴えた。

しばらくして、実のお母さんから私宛の手紙が届いた。福岡に来るという内容だった。叔父さん夫婦と直接会って、話し合うということになったのである。私にも、その日は出てほしいという誘いが添えられていた。手紙に込めた私の願いが届いたのだ。希望が開けたと思った。

千尋が、実のお母さんと対面する。おそらく、実のお母さんの面影は千尋の記憶には残ってはいないだろう。初対面になるのだ。どんな対面になるのだろうか。千尋は、実のお母さんのことをどう呼ぶのだろう。

これまで、叔母さんのことを「お母さん」と呼んでいたわけだが、実のお母さんに対しても、やはり「お母さん」と言うのだろうか。そんなことが気になり、私は落ち着かないままその日を待った。

その日が来て、叔父さん夫婦の家に出向いた。実のお母さんと千尋の弟さんの姿があった。実のお母さんは、それまでずっと泣いていたと思われる顔のままだった。そして、丁寧に挨拶をされた。

「いろいろ御心配をおかけしました。来てよかったです。本当のことがわかり気持ちの整理がつきました。園長先生には、私の方からお話をしておきます。ありがとうございました。これからのこと、よろしくお願いします」

時折、優しいまなざしが千尋の方に向けられていた。千尋を「学園」に託してからというもの、実のお母さんが千尋のことを思わない日はなかったに違いない。実のお母さんも辛《つら》かったことだろう。

こうして、千尋の養子縁組の話がまとまった。千尋はどちらに対しても「お母さん」と呼んでいた。そのことに違和感はなかった。自然に聞こえた。千尋が幸せになる。そう確信できた。

挨拶をすませて家を出ると、体の奥の方から暖かいものがこみ上げてきた。帰り際、千尋が道路に出て来て、照れくさそうにしながら手を振ってくれていた。

そういえば、あの時の実のお母さんも、この披露宴の会場に来られているはずだ。

来られているとすれば、席はどこなのだろう。あれからもう二十年になる。紹介されても分からないだろう。そう思いながら会場を見渡した。すると、新婦をじっと見つめている一人の女性に目がとまった。手元の座席表には、「新婦の伯母《おば》」と記されていた。

きっとこの方だと思った。その隣には、息子さんとおぼしき青年が座っていた。千尋の弟さんに違いない。弟さんは「従弟《いとこ》」として出席されていた。声をかけなければと思ったが、今日の席では控えておこうと思い直した。

私は千尋を知っている。千尋の「お父さん」も「お母さん」も知っている。しかし、千尋の親戚の人たちまでも知っているとすれば、それはかなり不自然なこと。伏せておいた方がいい場合だってある。この場がそうだ。いつか語り合える日があるならば、その時に語り合えばいい。

私は、さまざまな思いを胸に納め、会釈だけにとどめて席に座った。すると、スピーチを頼まれて以来ずっと気になっていた何かが、薄らいでいくのを感じた。

今日のこの場で心すべきことは、過去のいきさつを全部棚上げにすること。過去のことなどは、新郎新婦の二人に任せればいい。これからのことこそが大切であり、そこを言うために私はここにいる。

私のなかの霧のようなモヤモヤが、きれいに晴れた。その時、司会者の声が響いた。

「では、次のスピーチです。新婦である千尋さんが、聾学校の小学部時代の受け持ちだった農中先生です。よろしくお願いします」

さあ、大切なスピーチだ。新郎新婦へのお祝いの言葉。現在とこれからの話。

その時、閃いた。そうだ、テーマは〝幸せの競い合い〟。

私はグラスにつがれていたビールを飲みほし、マイクに向かった。

駆け落ち

秋風が吹き始めた頃の、午後の授業中だった。

緊急放送で、聾学校の全職員が会議室に集められた。高等部の寄宿舎生二人が書置きを残して姿をくらましたという。いわゆる生徒の駆け落ちである。相談の結果、私たちは学校で下校指導を行うグループと、捜索を行うグループに分かれて動くことになった。

二人の書置きによれば、遺書めいた内容になっていて、鍛錬遠足の時によく登った福智山の方に向かった可能性が高いという。山のどこかで心中するかもしれない。急ぎ捜索せよということで、指名された男の教員三人がただちに山を目指した。

その中に私もいた。学校から山頂まで三時間はかかる。秋の日暮れは、つるべ落とし。時計はすでに午後二時を回っていた。急がないと下山する頃には暗くなってしまう。山のどのあたりにいるのだろうか。

寄宿舎の先生たちは心配でならないだろう。

私は坂道を進みながら、緊急入舎して無事退舎した雅満《まさみつ》のことを思い出していた。雅満は「みっちゃん」という愛称で呼ばれていた。小学部の五年生で、聾であるうえに知的な「障害」があった。いわゆる重複「障害」児である。暮らしを支えているお母さんの急な入院にともない、寄宿舎での世話が必要になって、例外的に入舎した。

教諭職の先生が舎監となって、順番に夜の泊まりを共にするのだが、最初の夜の舎監が私だった。みっちゃんは目が離せない子だった。歩くのはゆっくりだが、声がかからないと、どこまでも歩いていく。声がかかっても、笑いながらもどろうとしないことがある。寄宿舎での深夜に、誰もが気づかないまま、寄宿舎から姿を消すことも考えられる。油断は禁物。私は、みっちゃんとの入浴がすんだら、早めに布団に入った。絵本を読んでやると、心地よいのだろう。「べべべべ、ふふふ」と反応しながら静かに行儀よくしている。目をつぶる回数が増えていく。緊張していた私も、気持ちよくなって大きなあくび。いいぞ……、と考えているうちに、はっとして気づいた。絵本が手元にない。しまった！　自分が先に寝てしまっていた！　思わず「みっちゃん」と呼びかけた。すると、布団の中から「ふふふ、べべべ」。みっちゃんが、私を見て笑っていたのである。

先を行く山形先生と居関《いぜき》先生は山登りが趣味で、さすがに速い。通常よりはるかに速い足どりで山頂を目指していた。

途中、神社があって、確かめようかと思ったがそんな余裕はなかった。いちいち寄り道していては、闇の中を下山することになる。慣れた山だとあなどってはならない。低い山でも一歩誤れば遭難してしまう。二人はおそらく何の準備もせずに山に入っているだろうから、何としても暗くなる前に二人の居場所をつきとめなければならない。

毎年この時期になると、高等部三年生の生徒には変化が起きていた。九州地区聾学校の秋の陸上大会に向けて練習に励んでいた日々が、大会終了と同時にぷっつり途切れてしまう。そして卒業後の仕事決めと車の免許取得が日々の関心事となる。遠い他県での仕事になるかもしれない。友だちとは、ばらばらに別れることが予想される。そんななか、親しくしていた男女にとっては将来に対する不安がふくらむ。そして、生徒指導上の対象となるような事件が起きてしまう。この駆け落ちもそうした時期の出来事だった。

私にとっては、それまで経験したことのない速さで登り、稜線にたどり着いた。そこは、通称「烏《からす》落《お》ち」。頂上まではあと一息だ。少しだけ休憩をとることにした。呼吸を整え、深呼吸をすると生気がよみがえった。

「いやあ、いつ来ても、山の空気はやっぱりうまいばい」

私は居関先生の言葉で、はっとした。そして言った。

「こんな健康な気分にひたったら、心中しようなんて思うやろか」

すると、山形先生がすかさず応えた。

「山頂で心中なんて、山に登ったことのない人の発想やないと」

「そうか、二人はこんな所にはおらんばい。麓の辺りかも」

三人の意見が一致した。

この時代に携帯電話などはない。三人の判断で、ただちに下山を開始した。

下りはさらに速足となった。下りながら、私はみょうなことを考えてしまった。こういう時に、苦手なヘビと遭遇するのではないかと。ところが、坂道が階段になった所で、やっぱりそうなった。

アズキ色模様の腕の長さほどのヘビだった。あやうく踏みつけそうになって、一瞬足がもつれた。

思わず変な声を出してしまった。

「どうかした?」、と先を行く二人がふり返った。

「ごめん、ちょっと足がもつれて」と、ごまかした。こんな時に、ケガでもしたらそれこそ皆の迷惑だ。ふり返ると、ヘビはまだその場所にいた。

陽がかげりかかった頃に、なんとか麓の辻まで戻ることができた。学校から迎えの車が来てくれていた。教務主任の福留先生から、二人が見つかったと知らされた。山頂に向かう途中で寄ってみようかと思った神社に、隠れていたそうである。

駆け落ちは、無事に幕引きをすることができた。学校に帰ると、炊き出しのおにぎりとお茶が用意されていた。先に戻っていた二人の生徒は、すでに食事をすませ、落ち着いているという。これで安心。どうかこの先、二人が幸せになっていきますように。

だがこの時、こうした事件に関係する「性」の学びという学習課題は私の視野には入っていなかった。

視線

「見えない人のことを理解しようということで、アイマスクをかけて歩くとりくみが学校でやられてますよね。それって、どう思います?」

福岡での会議を終え、帰宅する車の中でのことだった。白杖を使っている松沢《まつざわ》先生が、呟くように言った。私は答えに躊躇《ちゅうちょ》した。

「ぼくも家の中で、やってみたことがあるけど、何か問題があるの」

すると、松沢先生が言った。

「見えない不便さには気づきますよね。でも、見えない人の気持ちがわかる方法としては、どうかと思うのです。それよりこの白杖を持って、天神《てんじん》を歩いた方がいいと思いますよ」

人で混雑する福岡市の天神を、白杖をついて道路の様子を確かめながら歩くのである。

目が見えていてもかまわない。

目が見える人のことを「晴眼者《せいがんしゃ》」というのだが、たとえば「晴眼者」の私が、白杖を手に天神をゆっくり歩く。すると、周囲のたくさんの人の視線が自分に集まる。その視線の居心地の悪さといったら、浴びたものでなければわからない。松沢先生はそう言ったのだ。

松沢先生の場合は、視野が狭くなっていく症状が進行していった結果、白杖を使うようになった。白杖を使い始めるようになった頃は、周りから浴びせられる視線が気になり、せっかくの白杖をたたんで鞄にしまっていたという。

「居心地の悪い視線」については、私にも心当たりがあった。補聴器をつけて聾学校に通う子どもたちが、そうした視線にさらされていた。幼稚部から小学部の低学年の頃までは、保護者が付き添うのでその傾向は目立たないが、自分で定期券を使い公共の交通機関を利用するようになると、補聴器を鞄などに隠すようになる。

箱型の補聴器は、耳に装着するイヤモールド（耳栓）と細いコードでつながっていて、列車やバスの中では乗客からじろじろ見られる。見られる側は憂鬱な気分。居心地の悪い視線は容赦なくこちらを刺す。やがて、子どもたちは自分の「障害」を隠すようになっていく。

それから、友人の山中さんと出かける時にも居心地の悪い視線を浴びる。山中さんは極端に身長が低く、観光案内所などのカウンターに手が届かない。

その山中さんとは、ときどき泊まりがけの旅をするのだが、そんな時に居心地の悪い視線を感じる。それは、半世紀近く経った今でもさほど変わってはいない。

ある時、宮崎県の西都原《さいとばる》古墳群に行ってみようということになった。山中さんの車は、改造したプレリュード。丸いハンドルとは別に、バイクのハンドルのようなもので操作する。水平状のハンドルにブレーキとアクセルがついている。山中さんは座席に厚い敷物を置いてその上に座る。リセットして丸ハンドルを使えば、私も運転できる。交代で運転できるから遠乗りも苦にならない。

私たちは熊本県の人吉《ひとよし》、湯前《ゆのまえ》から宮崎県の西米良《にしめら》を経由するルートで走った。かなりの時間を要した。

西都原古墳群に着いたところで、一軒の広い食堂に入って休憩した。

山中さんと向き合って座り、メニューを見ていると、少し離れた所から視線を感じた。気づかないふりをしていたが、その視線はしつこくまとわりついた。たまらずにそちらを見ると、母親らしき女性と息子らしき少年の二人。少年が、母親の視線をそらそうと懸命に話しかけているのだが、その女性の目は山中さんに釘付けになっている。私が見ていることにも気づかない。いつまでも山中さんを凝視している。

「さてと」

と言いながら、私は箸立てを握って立ち上がっていた。

「農中さん、いいからいいから、気にしなさんな」

次の私の行動を予測した山中さんが、たしなめた。山中さんはすでに気づいていたのだ。

「差別をしない」という考えに立てば、がまんしておけばいいだろう。しかし、それは差別を容認する生き方。それでは社会はいつまでも変わらない。私は、「差別をなくす」という立場で生きている。差別的な行為を黙認することはできない。

私は山中さんの制止をふり切り、箸立てを持ってその女性の前に立った。彼女は、あわてて視線をそらした。

「失礼します」

私は、テーブルの上に箸立てを置き、そこにあった箸立てと交換した。そして言った。

「先ほどから、息子さんが話しかけられていますよ」

少年は、下を向いたままだった。少年は気づいていたのだ。恥じ入り辛そうに見えた。彼には気の毒だと思ったが、みんなの問題として考えてほしかった。

私は、交換した箸立てを手にして自分の席に戻った。

大分のマリンパレス（現在の「うみたまご」）では、土産売り場で、山中さんが小学生数人に囲まれてしまった。

山中さんはカウンターで金を支払い、土産物を受け取ろうとしていた。そこを子どもたちが囲み、珍しそうに見物していたのである。

リーダー格の子が、他の子まで招き集めていた。山中さんは、子どもたちの見世物。私は苛立ち、爆発しかかった。ちょうどその時、山中さんが子どもたちの輪をくぐり抜けて出てきた。山中さんは笑っていた。

「農中さん、イライラしなさんな。こんなんでイライラしとったら、どこにも出かけられんばい。行くよ。そろそろ出発せんと、宿の御馳走が冷めてしまうやろう」

山中さんは、開き直って生きている。私はそう思った。その時、国際連合が世界に呼びかけた言葉がよぎった。


――ある社会が、構成員のいくらかの人々を閉め出すような場合、それは弱くてもろい社会なのである。障害者は、特別な集団と考えられるべきでなく、通常のニーズを満たすのに特別の困難を持つ普通の市民と考えられるべきなのである――（一九八一年）

道をつくるように

県立の「障害」児学校（現在の特別支援学校）の子どもたちは、通学にかかる時間が長い。また、寄宿舎や福祉施設に入所していたりするので、幼い頃までは近所の子どもたちと仲良く遊んでいても、学年が上がるにつれて友人関係が希薄になっていく。遊び相手はきょうだいか親戚の子、あるいは同じような状況にある子に限られていく。それは夏休みに顕著な形で現れる。

多くの小学校では、当該校の児童にプールが開放される。いくつかの手続きをふめば、小学校のプールで自由に楽しく遊ぶことができる。しかし、「障害」児学校の子どもは、近くに小学校があってもそれができない。いわゆる「学籍」の問題があって、小学校に「籍」がないという理由で断られるからである。

きょうだいが気兼ねをして、自分も小学校のプールをがまんしていたという事例があった。地域に所属していくのとは逆で、そうした事情が見過ごされているのである。そのことは、職員室で雑談をしている時にも話題になり、「放置できんばい」ということになった。

聾学校としてできることを、まず担当する委員会で検討することになった。たくさんの事例が出された。それを全職員で確認した。そして、趣旨を盛り込んだ文書を作成し、夏休みに入る前に、各地域の学校と教育委員会に届け依頼することにした。

依頼書を、該当する三十七の小学校と中学校、および二十一の教育委員会に発送した。保護者には家庭通信を出し、児童生徒には、ホームルームなどの時間に担任が説明した。

夏休み明けの九月には、その結果を集約した。三名の児童が、小学校のプールを利用していた。翌年の一九八一年には、地元の小学校のプールを使った児童は七名に増えていた。

その中に、以前からも無許可で使っていた児童がいることがわかった。その保護者は、「学校から正式に依頼してもらったので安心した」と言った。

夏休み中に十四回通ったという児童がいた。そのうちの一人は、親が最初の一回だけ同伴して、あとは近所の子どもたちとだけで通っていた。もう一人は、親が毎回同行しなければならなかったので、とても疲れたという報告だった。聾学校の児童への対応は、居住区の学校ごとに違いがあった。

小学校のプールに一度も行かなかった児童が予想以上に多いので驚いた。両親が共働きで、子どもへの同伴ができないというのが主な理由だった。近所に地元校の友だちがまったくおらず、行く気がしなかったという報告もあった。

「障害」児者が地域に所属していく。そのために学校間交流や文書、電話などのやりとりをするのだが、それだけでは追いつかない。その後、居住地校交流というとりくみも始まるのだが、それでも追いつかない。学級担任はもちろん、各学部、各分掌の主任や、教頭、校長、ＰＴＡの役員などが連携をとりあい、児童生徒が居住する校区の学校や自治体の関係機関に足を運ぶ。そのようにして当事者側も主体的に動く。そうしたこととの共通認識ととりくみが必要なのだ。

聾学校の子どもたちもまた、周りに働きかけていく必要がある。そのようにして、世界の広さや文化の多様性に気づかなければならない。

私は通常の授業に映画を取り入れることにした。
ビデオやＤＶＤはまだ存在していなかった。十六ミリフィルムと映写機で映写会を行うのである。幸い学校にはエルモの映写機があった。階段状の視聴覚室もあった。フィルムは、福岡市にある県立美術館の視聴覚ライブラリーで借りることができた。条件は整っていた。企画を提案し、職員会議で確認してもらった。

映画は『杜子春《とししゅん》』や『はだかの王様』、『青い目の人形』などのアニメーションだけでなく、『がんばれ！　聴導犬タロー』や『空がこんなに青いとは』、『Ｋ２チョゴリ峯北稜初登頂』などを選び、学期に一、二回の割合で上映した。事務室に相談して、民間の配給会社から有料のフィルムを借りることもあった。学部毎にプログラムの内容を考慮し、学部の判断に任せながら視聴した。

そんな時、福岡の市民劇団「道化」から、ヘレン・ケラー原作の『奇跡の人』を上演するので、聾学校の児童生徒を招待したいという誘いがあった。私の記憶に間違いがなければ、これが福岡県の青少年文化普及事業の最初だったように思う。参加することに異議を唱える人はいなかった。

実施するにあたり、役者のセリフをどういう方法で伝えるかが議論になった。劇団と学校現場、県の担当者との話し合いがもたれた。聾学校の教育方法はいわゆる口話法だから手話は使えない。ＯＨＰで字幕を映そうということで一致し、場面ごとにシートに字幕を書きこむ作業を行うことになった。これは、聾学校四校（福岡、小倉、久留米、直方）で責任を持つということになり、直方校が引き受けることになった。

この会議の時、私の提案を支持してくれた小倉校の岸岡先生から声をかけられた。名前だけは聞き知っていた。

「聾教育の経験は浅いらしいけど、言いたいことがよくわかったばい。積極的やね」

「そうですか。考えたうえでのＯＨＰだったんですけど、よかったのでしょうか」と私。

「ええんよ、ええんよ。チャンスを活かし、次に進むんやから」と岸岡先生が笑っていた。

問題は、簡潔でわかりやすい字幕作りの方法だった。私に妙案があった。無声映画である。画面下に書きこまれたスーパー（字幕）が参考になると思った。ソビエト映画の『戦艦ポチョムキン』を学生時代に観たことがあって、その簡潔な字幕が印象に残っていた。

事務室の協力を得て、共同映画社からフィルムを借用し、字幕の入れ方の勉強をした。映画の内容はロシア革命をテーマにしたもので、「モンタージュ理論」を用いたエイゼンシュテイン監督の有名な作品だった。ほとんどの教員が初めて観たと言って、感動していた。

すべての準備が整い、観劇会の日を迎えた。

児童生徒と教員は、貸し切りバスで福岡市の会場に移動。おそらく聾学校の児童生徒の多くが、初めて生の芝居を観たのではないだろうか。ときどき字幕に目をやりながら、ヘレンとサリバン女史との激しいやりとりの世界に引き込まれていた。上演までの作業にとりくんだ私たち教員もまた、劇団「道化」の芝居に魅了されていた。

「道は、はじめからあるものではない」。私は帰りのバスの中で呟いた。

それにしてもなぜ、手話は禁止されてきたのか。私はバスに揺られながら、「道はまだ続く、まだまだいろんなことがある」と考えていた。

郵便はがき

料金受取人払郵便

福岡中央局
承　認

4

差出有効期間
2020年2月29
日まで

810－8790

157

（受取人）
福岡市中央区渡辺通二―三―二四
ダイレイ第5ビル5階

石風社

読者カード係　行

注文書◆　このハガキでご注文下されば、小社出版物が迅速に入手できます。（送料は不要です）

書　名	定　価	部数

＊郵便振替用紙を同封しますので、送金手数料は不要で

ご愛読ありがとうございます

＊お書き戴いたご意見は今後の出版の参考に致します。

だけど だいじょうぶ

ご氏名《ふりがな》	（　　歳） （お仕事　　　）
〒 ご住所	☎　（　　）

●お求めの書店名

●お求めのきっかけ

●本書についてのご感想、今後の小社出版物についてのご希望、その他

月　　日

Ⅱ　人間ですからね

すてきなプレゼント

現在の「障害」児学校は、特別支援学校という名称になっているが、当時は盲《もう》学校、聾《ろう》学校、養護学校というふうに呼ばれていて、私はそれまで聾学校に勤めていた。

しかし、どういう事情でそうなったのかはわからないが、その聾学校から知的「障害」の養護学校への突然の辞令をもらったのだった。

気持ちの整理がつかず、頭の中が混乱したまま、これも初めての養護学校で、新年度の始業式を迎えることになった。なるべく早く、新しい学校での仕事に慣れなければならない。気持ちを切り替える必要があることだけは、わかっていた。

だが、始業式での挨拶の言葉が浮かんでこない。

転任者の紹介が始まった。体育館の一段高いステージに並ぶと、整列した子どもたちの顔と、その後ろに立って見守る保護者の顔が見えた。すると、不思議なことに心が静まった。挨拶の言葉が自然に出た。

「農中と言います。聾学校から転勤してきました。みなさんのこと、この学校のこと、一日も早く好きになるようにがんばります。よろしくお願いします」

配属された学級は、小学部の「ふくち二組」。いわゆる「障害」をあわせもつ「重複《ちょうふく》学級」で、有《ゆう》太《た》と百々《もも》がいた。学校の東には、標高九〇〇メートルの福智山が間近に迫っていた。

学級は、十一月の中旬に修学旅行に行くことになっていた。修学旅行の目的地は大分県の別府。私は、移動中に座り込む癖のある有太につくことになった。百々は、運の悪いことに体調をくずして療養中だったため、参加することができなかった。

初日は、大分県宇佐市安心院《あじむ》町のアフリカンサファリで楽しんだ。貸し切りバスが旅館に着いたのは、午後三時頃だった。荷物を持って旅館に入り、部屋に落ち着くと、どの子も、かしこまって座っていた。

仲居さんがお茶を出してくれた。しばしの心地よい時間。みんな行儀よくお茶を飲んだ。有太は、私の横で寝そべっていた。

別府の街は、いたる所に温泉の湯気が立ちのぼる。窓越しに眺めていると、別府に来たのだという実感が湧く。すると、隣の学級の豊《ゆたか》がキョロキョロしながら言った。

「別府は？　矢上《やがみ》先生、別府はどこ？」

担任の矢上先生が笑って答えた。

「別府におるやん。ここが別府たい」

しかし、豊は納得しない。

「ここは別府じゃなかよ」と、立ちあがって頑固に言いはる。

「困ったなあ。そうだ、農中先生も一緒によかですか」と矢上先生。

「それじゃあ、みんな、荷物はこの部屋に置いてこれから散歩に出かけようか」

と、みんなに呼びかけた。

矢上先生は、まるで豊の言動を予知していたかのようだった。言われるまま、私は有太を立ちあがらせ、トイレに連れていき支度した。どこに行くのだろう。予測がつかないまま、とりあえず矢上先生について、みんな外に出た。向かった先は、ＪＲの別府駅だった。

豊は文字の勉強がいくらかできるようになっていた。「べっぷ」をくり返し練習し、その読み書きができるまでになっていた。豊は、ここが別府だという確信が欲しかったのだ。てっとりばやいのは、どこかで、「べっぷ」「別府」と書かれた文字を見せ、読ませること。だから矢上先生は、夕食前のちょっとしたフィールドワークに連れ出したのである。

修学旅行は、養護学校では生活単元学習の授業の一つと位置付けられていた。場面に応じた工夫が求められる。教員の機転が鍵となる。別府駅周辺を散策していると、「べっぷ」「別府」の文字をいたる所で見つけることができた。豊は、「べっぷ。べっぷ」と満面の笑みで喜んだ。他のこどもたちも、「べっぷ」「べっぷ」と大合唱。

ところが今度は、私と手をつないでいた有太がご機嫌ななめ。それがどうしたと言わんばかりの表情で、座りこんだまま動かなくなった。

こんな時は、よほどのことがない限りそのままでいるしかない。別府駅あたりだから宿は近い。矢上先生たちには、先に戻ってもらうことにした。時間はたっぷりある。こちらは、有太がむっくり立ちあがるのを待てばいい。温泉街の空気が心地よかった。

お風呂に入り、大きなハンバーグの夕食を食べた。布団にもぐり込んだら、いつのまにか、みんなで枕投げ。しかし、有太は楽しそうではない。しれっとした迷惑顔。そこで、他の子どもたちを矢上先生に頼み、二人でもう一度お風呂に入ることにした。お風呂はさすがに別府の湯。何回入っても極楽気分。これには有太もヘラヘラ。ご機嫌の夜が過ぎた。

翌日は地獄めぐりだった。その日は朝になって、急に冷え込んだ。子どもたちには上着を重ねさせたが、昼食後には風も出て、皆が「さむい」「さむい」を連発。これはたいへん。私は、有太を早目に貸し切りバスに乗せることにした。まもなく集合時刻という時間帯でもあった。たしか、海地獄のあたりだったと思う。

私は、有太の手を引いて集合場所へと急いでいた。ところが、有太が突然立ちどまった。しかも遊歩道の脇に。そして、かまわずにゴロン。寝そべって動かなくなってしまった。えっ、こんな所で？と、私はうろたえた。集合場所までは五分もかからない場所だったが、声を出して職員の誰かに知らせるには遠すぎる。有太を担ぎあげて戻るしかないと思い、覚悟した。

しかし、担いで運ぶには気合がいる。周囲の目もある。私は、行動を起こすタイミングを見はからっていた。すると、有太がニンマリしているではないか。まるで私を誘っているような笑み。それを見て、こちらの心に余裕が生まれた。だったら私もと、人目をはばからず一緒にゴロン。一種の開き直りである。

有太と同じように地面に寝ころんだ。すると、草木が冷たい風をさえぎり気持ちがいい。さらに、背中が何とも言えず心地よい。地面が暖かいのだ。そうか、そうだったのか。ここら一帯は、別府の温泉地。地中の温泉の熱で暖められた地面が、体の芯まで温めてくれている。

ヘッヘッへ。よくぞ気づいてくれたぜ、有太くん。この際、少々の遅刻は、へのカッパ。よかたい、よかよか。修学旅行の最後になって場外ホームラン！

私は、有太からすてきなプレゼントをもらったのだった。

百々《もも》のリハビリ

有太は、別府への修学旅行を楽しみ、「すてきなプレゼント」まで用意してくれた。

一方の百々は体調を崩して長い療養に入り、残念ながら参加することができなかった。

百々は、「しゃあしい（うるさい）」というのが口癖で、教室に敷いてある畳と畳のすきまに、菓子袋の切れ端を押し込むのを趣味としていた。ところが、その年の運動会終了後に、奥歯を噛み折るほどの大発作を起こし、福岡市にある病院に緊急入院の措置がとられたのだった。

お見舞いに行ったのは、入院の翌日だった。百々は眼球運動もない無反応状態のまま横たわっていた。首はぐらぐらで、表情豊かだったそれまでの姿は消えていた。

「こんなぐあいなんです。植物人間になるかもしれないと、担当の先生に言われました」

気落ちし、看病で疲れきったお母さんの目は悲しみでいっぱい。なんとか励まそうと思うけれど、言葉が見つからなかった。

それから数日後、そのお母さんが倒れたという連絡が入った。

過労による肺炎だった。百々にはおばあちゃんとおばさんが付き添った。幸いお母さんの回復は早かった。入院から三週間が経っていた。元気を取り戻したお母さんは再び百々に寄り添い、あることへの挑戦を始めた。

百々の食事は点滴から流動食にかわっていたのだが、一方でお母さんは独自にパンを一切れずつ口から食べさせ始めたのである。お母さんには確信があった。ベッドに寄り添いながら百々の口もとに食べ物を差し出すと、百々の口が動いたのだ。反応があるではないか。「思い出して!」。お母さんの願いが込められていた。食べ物を口から取り込むようになれば回復は早くなる。さっそく担当医へ相談した。

しかし担当医の所見は事務的で期待はずれのものだった。

「流動食は栄養を計算してあります。今の段階で経口食の必要はありません」

入院から一ヶ月。お母さんは、担当医の処方はあてにできないと判断し、百々を退院させた。自宅療養というさらなる挑戦が始まった。この間学校では、百々の就学の在り方について話し合いが持たれ、訪問教育にしてはどうかという考え方が浮上していた。私は、必要に応じて家庭訪問をするので、現在の通学のままでいくと返答していた。

　そして二学期の九月上旬。百々はお母さんと一緒に学校に戻ってきた。自家用車の中で百々がニッと笑った。ぐらぐらだった首もしっかりしていた。百々はお母さんに抱かれて教室に入ってきた。そしていつもの畳の上にゴロン。

「こんな状態ですけど、戻りましたよ。声がまだ出ないんですけどね」

　お母さんの喜びが伝わってきた。そして……。

「先生、百々の着替えはオムツにしますか、パンツにしますか」とお母さん。

　さりげない問いかけだが、とても大切な選択だと直感した。以前の百々は排泄をもよおしたら、ハンカチを頭に載せるなど、それなりの合図で知らせていたのだが、これからは失尿や失便を覚悟しなければならない。その場での即答はできなかったが、連絡帳に書いて答えた。

「排泄の失敗が続いても、学校ではオムツよりパンツの方がいいと思います。パンツとズボンをいっぱい置いといて下さい」

　オムツだとズボンや床が濡れる心配はしなくていいけど、周りの人は気づかない。おそらく私も気づかない。じくじくした状態が続くことが予想される。そんな状態に慣れてしまってはいけない。失敗した時、すみやかに衣服の交換をしてもらったら気持ちがいい。

　百々の学習は、快・不快の体得から始まる。それが私の考えだった。しかし問題がなかったわけではない。百々はすでに月経が始まっていた。

　月経中に失尿すれば、ナプキンも交換しなければならない。そんな時は近くにいる女性の先生かお母さんに頼むことになる。しかし教員の数には定数法上の限界があり、時と場合によってはそれができない。私が行うことになる可能性もあるのだ。しかし、リハビリと学びのためには、建前にこだわってはいられない。

　私は一大決心をした。ナプキンの使い方を配偶者から教わることにした。さらに、その旨を百々のお母さんに知らせ、話し合いを経て、了解してもらった。百々が排泄の失敗をした時には、私がその後の手だてをとることにしたのである。

　その後、百々はめざましい勢いで回復していった。畳のすきまに紙切れを押しこんだり、窓の手すりに片手を伸ばしたり。そしてついに、手に力を入れて自分で立ちあがるまでになった。

「トイレに行こうか」という声かけに、片手を差し出し、「連れていって」というしぐさ。失尿や失便がまたたくまに減った。

　それから半年後のこと。

　卒業式の日が迫っていた。広いプレイルームには、早春の太陽が射しこんでいた。

　私は百々を立たせ、手すりを掴ませた。それから私が移動して反対側に立った。二人が向き合う形になり、立った姿勢のままの百々に言った。

「そのまま！」

　その指示が伝わったのだろう。百々は座り込むことなく、私を見ている。

「さあ、今日はここまで。ここまで来て！」

　この指示も理解できたようで、百々は姿勢を整えた。

それから百々は、広い教室に用心深く一歩踏み出し、何も掴まらずに立って歩き始めた。一人で進み、よろめくたびに笑う。歩くことそのものを楽しんでいるのだ。見ている人は誰もいなかったが、百々がよろめくたびにまた笑う。私も笑う。二人で笑った。

そして、ゴール！　百々が私にもたれかかった。

私は泣きそうになった。百々と二人でまた笑った。

えりごのみ

養護学校の義務化は一九七九（昭和五十四）年だった。

それ以前の話だが、私はまだ東京学芸大学に籍を置き、ペンキ屋でアルバイトをしながら、板橋区の町で小学生の家庭教師をしていた。ある日の夕方、その子がべそをかきながら帰ってきた。

「学校はかわりたくない」と、泣きながら言った。

聞けば、千葉県にある養護学校への転校を言い渡されたのだという。担任の先生からの手紙を父親に渡すその子の手が震えていた。私は、

「むりに、千葉に行かなくてもいいんだよ」と声をかけた。

保護者には、

「あわてて印鑑をつかず、まず、担任の先生と時間をかけて話し合ってみてください」

と言った。

養護学校の義務化が現実的なものとなれば、「手のかかる子」を教室から排除する口実ができる。結果として、教室で「障害」児と共に行う教育は置き去りにされるかもしれない。義務化にはそういう危惧がある。この子の場合がまさにそうだ。だから私は、急ぐ必要はないと考えていた。

ところが、一つの会話が、私のなかの「義務化反対」の考えを揺るがせ始めた。

その日、私は東京の日比谷公園で、友人と会う約束をしていた。公園では義務化を求める集会が開かれていた。ストレッチャーを押して、そちらに向かう父親らしき男性がいた。私は歩きながら話しかけた。その男性は、胸にスローガンを染め抜いたゼッケンを付けていた。おだやかな話し方だった。

「たしかに、養護学校に入れれば、地域からは隔離されてしまうでしょうね。隔離がよくないことは、私もわかってます。だけど、この子はどの学校からも入学を拒否されてきました。養護学校以外のどこに、通える学校があるというのですか」

私はこの主張に沈黙し、反論の言葉が出てこなかった。

「障害」が重度であることを理由に、就学猶予や就学免除に措置されてしまう子がいたのだ。保護者としては、子どもの声がとびかう学校に通わせたいと願う。一方、すでに義務化されている盲・聾学校と同様に、養護学校も義務化をという声が広がっていた。推進と反対の二つの立場の動きがより鮮明になっていた。養護学校義務化への評価をめぐる議論は、いっそう熱を帯び、力による衝突が起こる気配さえあった。

私は、この議論にどう参加していけばいいのか。制度に内在する矛盾を感じ、自分のなかにジレンマをかかえ込んだまま、数年の歳月が過ぎた。

そして、私は九州に戻っていた。

養護学校が義務化されると、学級のなかの手のかかる子は、養護学校への転校があたりまえのように行われ始めた。さらに、それまで就学猶予だった子の多くが、自宅で行われる訪問教育の対象にされ、またしても「通学」の夢が砕かれることになった。

課題をかかえる子の「通学」の希望を砕いたのは、制度を都合よく解釈して運用する、私たち現場の教員だったのではないか。そんな思いが、ぬぐいがたく私のなかにあった。

そんな時、私が勤める養護学校で、教育の本質にかかわる問題が起きた。別府の温泉地で、有太と寝そべった時から数年後のことである。

その年、私は小学部五年生の「一般学級」の担任をしていた。学習発表会が無事に終わり、あっというまに三学期の修了式の日を迎えることになった。学級に戻ってからの懇談会では、次年度の秋に予定されている修学旅行の話題で、おおいに盛り上がっていた。そんな時、一人の保護者が言った。

「先生、担任が替わるなんてことはないですよね」

「慣例として考えられんでしょう。心配することはなかよ」

私は自信満々に返したのだった。

ところが、春休みに入ってから数日がたち、新年度の学級担任の発表があった時、私の希望はかなわず、別の学級担任に替えられていた。なんとも唐突で、すぐには信じられなかった。保護者の心配が現実になってしまったのだ。

気持ちの整理がつかぬまま、四月の始業式を迎えた。六年生になった子どもたちの保護者に、説明すべき言葉がみつからない。やり場のない気持ちをこらえ、「すみませんでした」と言うのが、せいいっぱいだった。

なぜ、そんなことになったのか。この時の担任決めには、重度「障害」の子どもたちの「通学」問題がからんでいた。

訪問教育の対象と判定されていた三人の子どもの保護者が、通学を希望し、そのことが年度末の職員会議で問題になっていた。就学判定会議での決定がくつがえされることは稀なことなのだが、保護者の「訪問から通学へ」という希望は、学校側の認識以上に強く、地域での支援の輪がまたたくまに広がった。

この問題をめぐって、職員会議が何度も開かれるようになった。私の意見は学校長の考えに反していた。対立点が鮮明になるにつれ、激しいやりとりになった。

「親が、そこまで切望しているのですから、通学できるようにしていくのが、養護学校で仕事をする者の務めでしょう」

私は、国会討論の議事録の訪問教育に関するコピーを持ち出し、それを読み上げながら食い下がった。

私が意見を言うたびに、学校長の形相が険しくなっていく。しだいに職員会議の緊張感は耐えがたいものに。私の意見を支持していた他の教員たちの声までが、いつのまにか小声になった。すると、その時を待っていたかのように学校長が言った。

「農中先生の意見は、一つの考え方。しかし、訪問教育も立派な制度なのです」

なおも食い下がろうとする私に、学校長が大きな声でなじった。

「まだわからんごたるね、あんたは教員不適格者だ！」

私も負けてはいなかった。

「だったら、先生は校長不適格者でしょう」

クスッと、含み笑いのようなものが会議室のあちこちで上がった。私と学校長のやりとりが、まるで漫才のように思えたのだろう。

結局、この問題は、『新年度は、とりあえず訪問部に籍を置いてもらう。そして二日間の訪問のほかに、週四日間を、たとえば重複学級に通学するような形をとってもよい』という学校長判断で幕が引かれた。

この経過については、新聞の地方版でも報道された。そして、私は六年生の学級担任として持ちあがるはずだったが、三人の子どもの受け入れを行う重複学級の担任に決められていたのである。

その重複学級の子どもたちも三人だった。どの子も、排泄、着脱、移動、食事、学習など、どの場面でも介助を必要とする。私は、赴任してきたばかりの副担任の堀先生と二人で動くのだが、いっときも目が離せない。

それだけに一日も早く、気持ちを切り替えなければならなかった。しかし、頭のなかではそう思っても、なかなかうまくいかない。子どもたちにすまないと思い、ほんとうに悲しかった。

そんな時、一人の若い教員が私に声をかけてきた。私への励ましのつもりだったのだろう。

「農中先生、もう気持ちはおさまりましたか」

その教員は、職員会議の時に、ずっと沈黙を守っていた。何をいまさらと腹の中で思った。私には、その若い教員の顔が、お面のように思えた。

「なぜ、あの時、あなたは意見を言わなかったの？　あなたの一言が、状況を変えたかもしれなかったのに。それに、私はそれほど便利な人間にはできていない」

そんなふうに言おうとしたが、私はその言葉を飲み込んだ。

「もう少し時間がかかりそう」とだけ言った。

それにしてもなぜ、多くの教員が職員会議で沈黙していたのだろうか。

私に元気をとり戻させてくれたのは子どもたちだった。連絡帳を交わし、家庭訪問をし、教室でくんずほぐれつしていくなかで、少しずつ気持ちの整理がついていった。

給食の時になると、初めは自分の分を半分しか食べきれないほど忙しかった。あたりに食べ物が散乱する。ちょっと硬いものは喉につまらせる。好きなものは他人のものであろうとかまわず手をのばす。静かだなあと思っていると、失尿や失便である。口をもぐもぐさせながらトイレに連れていき、戻ってまた食べなおす。

そんなことをくり返していくうちに、子どもたちと目が合うようになり、愛着が湧き、私もなんとか新しい学級の担任になっていくことができた。

私たちの教室は日当たりが良く、ガラス戸を開けると芝生の庭があった。校門に入ってすぐの所にあり、ロータリーをはさんで校長室が見えた。初代校長は「障害」の重い子の教育に熱心だったと語り継がれていた。開校は養護学校の義務化以前で、全国から注目されてもいたようで、見学者が多かったという。

私の学級は、訪問教育に措置された三人の子どもたちの「通学」を保障していく役割を担っていた。私は担任としての自信がついた頃、副担任の堀先生に事情を説明し、学級の保護者に協力を求めた。三名の保護者には、こころよく承諾してもらうことができた。訪問部としての教員集団のとりくみの具体策もまとまり、二学期から「通学」のとりくみが始まることになった。

月曜日と火曜日を訪問部の教員だけで受けもつ。水曜日と木曜日と金曜日は私の学級で過ごす。土曜日は、それぞれの対応学年の学級（一の一、二の二）で過ごすということになった。保護者の付き添いによる全面介助と、その学級の日課通りの内容を消化することが条件だった。

変則的であるが、「通学」が始まった。教室の中が急ににぎやかになった。三人の子どもと担任、副担任の五人の世帯のところへ、新しく三人の子どもたちと、三人の付き添いの保護者が加わったのだ。水、木、金の三日間は少なくとも十人以上が集い、そうした人たちの声と笑いが、教室に充満し、芝生の庭にまで広がっていた。

「訪問」から「通学」へのとりくみを開始した子どもたちは、土曜日には朝から対応学年の学級に通う。葵は一年一組、晴美も一年一組、佳恵は二年一組。それぞれが時々、お母さんに痰《たん》の吸引をしてもらったりしながら、同じ学級の時間割にそった活動をする。

周りの同級生の声に喜び、すばやい動きに興奮しながら、笑いの連続。給食時間には、お母さんに用意してもらった食事をモリモリ。「食べ過ぎじゃないのかな?」とお母さん。学校での授業が、生きる力を引き出していた。

私たち教員が専門家ぶり、ある意味、冷ややかな心で応じているのとは対照的に、通学させたいという保護者の願いは率直で熱かった。可能性がある限り、やれることをやっていく。その決意が感じられた。家庭に閉じ込められがちな「障害」の重い子どもたちにこそ、社会の中へ踏み入れさせてやりたい。その思いが、ひしひしと伝わってくるのだった。

こうして、時間がかかったけれども、私も一つのトンネルを抜けることができた。だが、この問題が本質的な解決に至ったのかといえば、そうではなかった。手のかかる子がいると、その子のせいで、いい授業ができなくなるという教員の思いこみ。そこを問う議論がすっぽり抜けたまま次の日常に入っていたのだった。

「通学」を希望していた訪問教育部の子どもたちは、触るとこわれそうだった。車椅子の中で体をねじるようにして動く姿は、ひ弱に見えた。

そうした子どもたちを見て、経験豊かであるはずの教員たちが「医学的に大丈夫だろうか」と口々に感想を述べた。私は釈然としないものを感じた。

あたかも、理解を示している言葉のようではあるが、何かが違うと思った。医者でもないのに、「医学的に」という言葉を持ち出したことへの疑念。医学の見識はないのに、「医学的に大丈夫だろうか」と専門家ぶり、うなずきあう姿に違和感をおぼえた。心配しているようだが、会話から伝わって来るものは、その子から離れておこうとする思惑。教育の対象としてどうにかしなければという姿勢は、かけらも感じられない。

この言葉は保護者には向けられなかった。保護者から、「大丈夫ですよ」という返事をもらってしまえば、「通学」を拒否できなくなるからである。こういう場合、保護者は医者と日常的に話し合っているし、医学的なことはしっかり学んでいる。「先生にあずけます」と保護者が見通しを持って言っているのだから、私たち教員は、「通学できるようにするためには、どんな手だてが必要か」ということこそ議論しなければならないのだ。

教員は、相手が医者というだけで、たちまち崇拝してしまうところがある。〝教員の医者コンプレックス〟なのかもしれない。「障害」の部位に目が行きすぎ、そうしたことに詳しいとされる医者が神様のように見えてくる。そして、「障害」児を治療や訓練の対象として見る傾向が強まり、その人格や人となりが視野に入らなくなる。しかも、「専門的」という言葉で巧みに合理化する。だから、この時の「通学」問題も、保護者のわがままとして処理されようとしたのである。

地域の学校にも、「障害」児の担任になることを避けて逃げようとする体質があるのではないか。逃げ方はいろいろで、小さな声で言い訳をする。力不足でみんなに迷惑をかけるからと、無責任に辞退する。自分よりもふさわしい人がいるはずだと、他人まかせにして逃げる。前もって学校長にすり寄り、自分の希望を優先してもらう。

いずれの場合もそれらしい理由がつく。まるで学校は、教員のためにあるかのように。

こうした事実を、どう理解すればいいのか。

「えりごのみ」、あるいは「えこひいき」という言葉がある。

「えこひいき」とは、学校の教員が特定の子を、周りよりひときわ高く優遇する行為のこと。保護者が富裕であったり、医者であったり、政治家だったり、管理職だったりする場合に、その子が有利になるよう、担当の教員が意図的に実力以上の高い評価点を与える。えこひいきされる子はきわめて少数で、結果として周りの子は、十把一絡《から》げ。もちろん、家庭環境の良し悪しで、子どもの評価を左右することは不公平だし、あってはならないことなのだが、私が子どもだった頃には普通に行われていたように思う。

「えりごのみ」は「えこひいき」とは微妙に違う。たとえば、バイキング式の食事では、その人の好みで、和食か洋食かが決まる。和食の場合でも、納豆を選んだり、漬物を外したりする。したがって、「えりごのみ」を一概に悪い行為だと、決めつけることはできない。

しかし、人間関係において「えりごのみ」が行われると、深刻な問題が生じる。不幸な事態を招くことだってある。公教育の現場では、あってはならない行為なのだが、現実には今もなお、どこかで行われているような気がする。

おとなの世界もそうだし、地域もそうだが、学校のそれぞれの学級には、いろいろな子どもがいる。排除せず、折り合いをつけることの意味を、みんながもっと大切にしなければと思う。よきものは、「えりごのみ」からは生まれないのだから。

ところで、私と学校長との関係だが、忘年会や歓送迎会など酒の席になると、どういうわけか、座席表での私の席は、いつも学校長の隣。「またぁ」と思いながら、遠慮がちに「今度は、別の席にして」と係の人に頼む。すると、これまた困ってしまう返事。

「もちろん、ほかの先生に頼みましたよ。そしたらね、『だったら、欠席します』と言うの。だから、農中先生、今度も校長先生の横にいて。お願い！」と、こんな具合なのである。結局、私は学校長と並んで乾杯！　なにしろ個人的な恨みがあってぶつかっているわけではないのだから。

するとと幾人かの先生が、まるで傍観者のように皮肉っぽく言うのだ。

「ほんとうは、農中先生と校長先生は仲がいいんでしょう」

私はめんどうくさいから、「案外そうかもね」と言う。ほんとうに勝手なものだ。

ちなみに、三人の子どもと三人の保護者がとりくんだ「訪問」から「通学」への物語は、これより数年後に、『よしえちゃんがわらった』*という絵本になって、より多くの人たちの所へ届けられた。

本のなかでは、月曜日から土曜日までの変則的な通学形態が、「体験通学」と表現されている。私は年度末の人事異動で転勤となり、「体験通学」の校内でのとりくみは、大田先生が中心となっていた。普通に通学できるようにと、地域での署名活動も展開された。子どもたちは大田先生のことが大好きだから喜んで教室に行く。そんな日々のなか、大田先生が、トランポリンの上で佳恵を抱っこしながらはずんでいた。すると、佳恵が「くくくっ！」と、笑った。大きくはずむたびに、「くくくっ！」。ほやっとした優しい声。佳恵が生まれて初めて笑ったのだ。

＊『よしえちゃんがわたった』（海鳥社　一九九二年　文・瀬里敏子　絵・亀谷佳美）

趣味は仕事と魚釣り

夏だったら、朝方か夕方。冬だったら、風が穏やかな晴れた日。地図を見ながら遠くの港に車で行って、そこの波止場で魚釣り。

釣り方や道具のことがわからなくてもかまわない。港に行けば、だいたい誰かが釣りをしている。挨拶を交わして、邪魔にならない辺りからしばらく眺めているだけでもいい。釣り方や、釣れる魚や、リールなどの道具が少しずつわかってくる。

おもしろくないと思ったなら、場所を替えればいい。興味が湧いたなら、腰をすえて観察してみる。別の釣り人がいて、そちらに目をやると、また違った釣り方をしていることに気づく。そうなれば、もうすでに釣り師。

私が釣り道具とクーラーボックスを車に載せ、ひんぱんに海に行くようになったのは、学校での教員の仕事にも慣れ、毎日が忙しくなった頃からのことだった。結婚もしていて、つれあいと暮らしていた。

仕事をしていると、職場では嫌なことが次々と起こる。がまんの限界に達し、辞表を突きつけてやろうと思ったりもする。そんな日は、心が曇ったまま過ぎていく。言葉が荒くなり、顔つきも険しくなる。

ある日のこと、私は家に帰り着いても車の中で職場でのことを考え続けていた。イライラがおさまらない。気がつけば、車のドアを乱暴に閉めていた。

つれあいは笑顔で迎えてくれたのに、私はむっとした顔で玄関に立っていたのだと思う。

「お帰り！　あら、どうしたの？」

「べつに。職場でいろいろあったし」

「そう、そうなの。私のせいじゃないのね。だったらその顔、どこかに捨ててきたら」

つれあいは、そんなふうに言ったのだ。

私は言われて、ハッとした。いつのまにか、職場の問題をそっくり家に持ち込んでいたのだ。しかも、そのことで家族を不愉快にしていたことに気づいていなかった。

このやりとりをきっかけに、私は考えた。気分転換は、仕事同様に大切なことなのだと。では、どうすれば気分転換ができるのか。はたして、賢い方法があるのだろうか。

それで、思いついたのが、「釣れなくても気にしない魚釣り」だった。

寝袋と釣り道具一式を車に載せ、地図で調べた遠くの釣り場や港に行ってみる。時間があれば、そこで釣り糸を垂らす。やってみて、実感した。心が軽くなっていた。自分にもこんな感覚があったのかと驚いた。

さらに、長時間の運転をしていると、いつのまにか頭の中が空っぽに。すると、この感覚がまた味わい深い。昔の楽しかったことなどが浮かんだり、意外な発想がひらめいたりする。

この時から、私の呟きが始まった。

「趣味は仕事と魚釣り」

ところが、一つやっかいな問題があった。長距離運転での睡魔である。睡魔に負ければ命を落とす。周りを巻き込む大事故にもつながる。事前の対策が必要だと思った。

思い浮かんだのが「リンドバーグの睡魔」だった。

『翼よ！　あれが巴里の灯だ』という映画があった。観たのは中学生の時だった。

ニューヨークからパリまで、休憩なしの単独飛行で大西洋を横断する。主人公のリンドバーグ大佐をジェームズ・スチュアートが演じていた。

主人公が睡魔に襲われる。眠気をがまんし、操縦桿を握ったまま、気がつけば眼前に海面！　という場面が続く。居眠り運転の飛行機版である。操縦の疲れによって腕力が抜け、瞼が重くなる。視界に入るのは海原ばかり。エンジン音だけが響いていた。

睡魔対策のヒントは蠅。単身の飛行士は、紛れ込んでいた一匹の蠅に語りかけていた。蠅は人間のような存在ではないから、勝手に操縦席内を飛び回る。蠅は一方的に働きかけてくる存在だった。

運転している私に、一方的に働きかけてくるような仕掛け。それがあれば、きっと安全に運転できる。当時、携帯電話はまだなかった。考えぬいて、ひらめいたのが、目覚まし時計だった。これだと、突然音がして計画的に使える。事前にセットしておけば、一方的に働きかけてくれる。仕掛けを見つけて喜んだ。自分を、自分で褒めた。

必要条件の一つが見つかった。しかし十分ではない。時計が鳴ったら、適当な休憩地を見つけるのだが、この間に、思わぬ居眠りをするかもしれない。必要十分条件まであと一歩。音楽のボリュームを上げれば、体がいっそう疲れる。ガムを噛んでも、顎が疲れる。タバコの効果もあてにはならない。見つけたのが、スルメとコンブ。これを少しずつ噛む。すると覚醒効果が生まれ、これが長続きする。食べ過ぎたら腹がふくれるので、小さめに切り分けておく。スルメの匂いが気になるが、背に腹はかえられない。一人だから、文句を言う人もいない。

ということで、目覚まし時計にスルメとコンブ。これを用意して出発。途中、睡魔に襲われることもなく、ほぼ予定通りに移動。以来、スルメとコンブは、私の「食べるお守り」になった。

さて、岸壁での釣りだが、これを波止《はと》釣りと言う。波止釣りには二通りあって、一つはウキ釣り。柄杓《ひしゃく》で撒《ま》き餌《え》（コマセ）をまいて、ウキの動きを見ながら釣りをする。狙いは、アジかクロ（メジナ）かチヌ（クロダイ）といったもの。

もう一つは、投げ釣り。道糸《みちいと》に少し大きな鉛を通し、餌に虫や魚の切り身を使って、遠くへ飛ばす。狙いは海底に棲《す》むキスとかカレイとかグチ（ニベ）。海底が岩礁だとアラカブ（カサゴ）も釣れる。

狙ってもいないのにかかってくる魚のことを、釣り人は外道《げどう》と言う。

いわゆるいやな魚。その代表格が、ベラ、ボラ、バリ（アイゴ）。それにスズメダイ、メゴチ、ゴンズイなど。ウロコが取りづらかったり、食味がいまいちだったり、ヒレに毒があったり、はらわたが臭かったり、ぬめりが強かったり。そんな理由から敬遠されている。

とくにバリには、背ビレ腹ビレに毒があって、手にトゲが当たっただけで刺され、その部分と周辺がみるみる痛くなる。長時間のズキズキした痛みをがまんしなければならない。臓器が臭いのもこの

ベラ
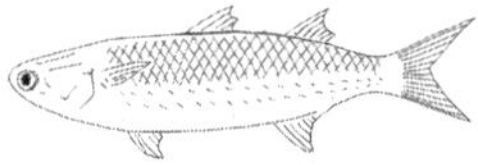
ボラ
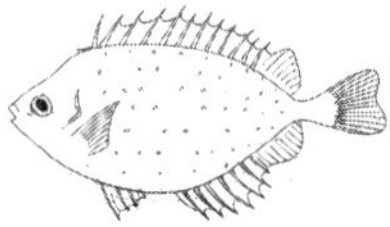
バリ

絵　農中茂徳

魚。ゴンズイは夜釣りでよくかかる。強い毒があるから、くれぐれも素手ではつかまないこと。

　運良く魚が釣れたら、たとえ外道でも、フグ以外は、私は持ち帰って食べている。新鮮だから、なかなかいける。塩焼き、煮付け、タタキ、味噌汁、から揚げ。料理は工夫しだい。そうそう、メゴチは刺身が最高！

　とにかく、釣りのあとの疲れは心地よい眠りに誘ってくれる。そして、いつのまにか心の芯まで穏やかになっている自分に気づく。

　ちなみに開高健さんは、次のような中国の古諺《こげん》を紹介していた。

一時間、幸わせになりたかったら　酒を飲みなさい。
三日間、幸わせになりたかったら　結婚しなさい。
八日間、幸わせになりたかったら　ブタを殺して食べなさい。
永遠に、幸わせになりたかったら　釣りを覚えなさい。

（『オーパ！』集英社　一九七八年二月）

バリアフリー

海釣りが縁で親しくなった山中さんの背丈は、平均的な身長より際立って低い。普通の家のトイレのスイッチに手が届かない。

出会った頃は家が近くだったので、わが家でよく酒盛りをした。山中さんは酒が強かった。先に酔って、ゴロンとしている私の横を、

「ちょっと行ってくる」

と言ってトイレに行く。

しばらくするとコツン、カツン、コンといった音がする。山中さんが野球バットの先で、トイレのスイッチを点けようと探っているのだ。

酔っているから、なかなか狙いが定まらない。

「だいじょうぶ?」

私は寝ころんだまま、とりあえず声をかける。

「気にせんでいいばい」と山中さん。

スイッチの高さはどうしてああなのか。もっと低くしたら、誰も困らないはずなのに。

私は、酩酊した頭で、そんなことを考えていた。

それから数年後のこと、父との同居が必要となって、家族での話し合いの結果、家を新築するなら今だということになった。突然のことであせったが、設計に参加できるので張り切った。

まず、トイレを洋式にしようと思った。次に、スイッチの高さを考えた。さっそく山中さんに相談した。家の中のスイッチを、すべて山中さんにも届く高さにするのだ。

「無理せんでもいいよ」

と、山中さんは言ったが、私は強く心に決めていた。

車イスに座って届く高さが、山中さんにも具合がいいことがわかった。それで床からの高さを九〇センチメートルとした。

ところがここで、意外なバリアー(障壁)の登場となった。大工さんが渋ったのである。

「スイッチの高さは、やっぱり一二〇センチメートルでしょう。低いと子どもが遊びものにするし、だいいち見かけが悪かもん」

さらに、父までもが大工さんの味方をした。

「慣れんこつはしなさんな。普通にしとかんね」

まさに、伝統と合理的配慮との正面衝突である。

しかし、ここは譲れない。

私は主張した。ありとあらゆる理屈を積み上げ、私の構想を押し通した。そして、山中さんがバットを使うことはなくなった。

それから数年後のこと、父がこんな感想を口にした。

「洋式トイレはよかね。スイッチの高さも使いよかたい」

山中さんのアドバイスで決めた高さ。暮らしのなかで、誰も困らない。みんなが便利になり、我が家ではあたりまえになった。

これこそバリアフリー。「差別をしない」ではなく「差別をなくす」こと。自分は差別をしないという立場だと、差別の存在を容認したり、他者の差別を傍観してしまうことになる。私は大工さんや父親と少しだけもめたが、「差別をなくす」とりくみの一つを行うことができたのだった。


ちょうどその頃だった。世界から、新しい用語がつぎつぎと紹介され、閉塞ぎみだった「障害」児教育の現場にも風が舞った。とりわけノーマライゼーション（normalization）の風はさわやかだった。この用語は、第二次世界大戦後のデンマークで、知的「障害」者の人権確立をめざす実践の帰結として生み出されていた。それは、通常の生活において、「障害」者と「健常」者がより対等な状態になっていくことをめざす考え方だった。日本語にするのが難しく、私は「対等化」としている。

新聞記者だったバンク・ミケルセンは、終戦でナチスの拘束から解かれたが、新聞社の解散によって失職し、社会省の「精神薄弱者福祉課」で働くことになった。そこで直面したのは、知的「障害」者が巨大な施設に大勢詰め込まれているということ。そして優生手術が無差別に実施されているという現実だった。人間としての復権をめざす「親の会」が発足した時、その願いに共感したミケルセンは、国への要請文の作成に協力することになった。

そのような活動のなかで、必要に迫られつくり出された用語が「ノーマリゼーション」。やがて、デンマークの「一九五九年法」が成立。その後、この用語は「ノーマライゼーション」という英語表記で世界に発信され、私たちのところへも届いたのである。この時、ヒューマニゼーション（humanization）、ヒューマン・リレーション（humanrelation）、イクォーライゼーション（equalization）などといった用語も検討されていたという。

そして、「インテグレーション（integration）」「メインストリーミング（mainstreaming）」、「バリアフリー（barrier free）」など。とくに、当事者の「ニーズ（needs）」という用語は、視座のありようを逆転させせられ、はっとする言葉だった。

さらに、日本語で「障害」という用語は、国際障害者年（一九八一年）の提起によれば、医療、リハビリ、権利といった観点から、「インペアメント（impairmennt）」「ディスアビリティ（disability）」「ハンディキャップ（handicap）」という三つの用語で表現されていた。

世界各国から次々と発信されて来るこれらの用語は、身の回りの多くの様相を的確に説明してくれた。私は強い味方を得たような興奮を覚え、同僚との会話も弾んだ。

だが、時間がたつにつれて、いくつかの事例については、これらの用語だけでは解決できないという感覚を抱くようにもなった。

たとえば、「インテグレーション」。日本語訳だと統合教育となる。それまでの日本は、徹底した「セグリゲーション（segregation）」（分離教育）だった。いったん聾学校に入学すると、居住地の小、中学校への転学はほぼ不可能。また、私が聾学校で仕事をするようになった一九七〇年代は、手話や手まねは禁止され口話教育が徹底されていた。

そんななか、統合教育（インテグレーション）が口話主義教育の成果として、全国的に注目されるようになった。地元の学校に帰るとりくみにもつながることから、保護者からの期待は大きかった。たとえば、県立の聾学校に在籍している子が成績優秀で、口話だけの授業に対応できると判断された場合に、地元の学校に転学するのである。

しかし、問題はここから。成績がふるわなかったり、友人関係が困難だったりすると、再び聾学校に戻ることになる。「Uターン現象」という言葉まで生まれた。「できる」「できない」という条件を前提としているので、ともに学ぶという価値は、さほど考慮されない。統合教育は「エリート・インテグレーション」という批判的な言葉で語られたりもした。

私はつねづね、「健常」者の側に課題意識を促すような用語が必要だと考えていた。そして、ハンディキャップに着目した。一般的な訳語だと、「社会的不利」「社会的不平等」となる。この訳のままだと、「健常」者の側は痛くも痒くもない。自分から進んで社会的不平等の立場を選ぶことはしないからだ。しかし、「障害」者はいつも社会的不平等の立場にいて、そのことに「健常」者は気づいていない。私は、この状態を変えたいと思っていた。

そこで、ハンディキャップを、「社会的締め出し」と訳した。あなたが、私が、地域が、行政が、学校が、無意識のうちに、あるいは意識的に「障害」児者を閉め出していませんか、と問いかける。日常的にあたりまえとされている慣習、手続き、暮らし方などを問い直し、人として平等に存在しえているかどうかを検証していくのである。

たとえば、店内や旅先でのぶしつけな視線。一二〇センチメートルの高さを常識とする家のスイッチ。座位式トイレのない公園。入学のための条件。修学のための環境。ストレッチャーが入らないエレベーター。手話が通じにくい駅の改札口。「障害」者専用の駐車場に停まる「健常」者の車。身内の冠婚葬祭に「障害」児者を参加させない家族。「障害」を暗示させる言葉で罵《のの》り嘲《あざけ》る行為。「障害」児を受け入れない学童保育。「障害」者は社会のお荷物だとする考え方。

こうした行為や制度、政策、感覚は、まさに「締め出し」あるいは「排除」である。私たちは、ふだん気づかずにそうしたことを容認している。「対等に」と口では言うが、具体化しようとする姿勢が本当にあるかどうかは疑わしい。求められているのは、私たち「健常」者の見方を転換すること。「健常」者が、「障害」児者を締め出しているという認識を持つ。そして、その認識を広げていく。バリアフリー推進の立場からすれば、そこが大切だと思う。

Ⅲ　ふたたびの聾《ろう》学校

タクシーで山登り

筑後地区の北部に位置する聾《ろう》学校。そこが私にとっては三校目の仕事場で、その年私は、小学部四年生の学級担任をしていた。学級のなかに、福岡県南端の大牟田から通学している潔《きよし》がいた。潔は寡黙な子だったが、絵が得意だった。遠近法を組み込んだ彼の描写には、見る人を引き込む力があった。性格は穏やかで、女の子たちに人気があった。

その日は秋の鍛錬遠足。目的地は標高三一二メートルの高良山《こうらさん》。

子ども連れで遠足を計画する場合には人気の山である。山頂から東南のコースで降りて行けば、画家・高島野十郎《たかしまやじゅうろう》が晩年に野田市にいて懐かしんだと言われている温石《おんじゃく》温泉がある。高良山は耳納《みのう》連山の西にあり、久留米市内を眺望できる。耳納連山の南側には星野や八女の茶畑が続き、北側には浮羽《うきは》や朝倉の山野が広がっている。

学校出発の九時までには、まだ時間があった。子どもたちは集合場所にリュックサックを置き、広い運動場ではしゃぎ回っていた。ふだん遅刻しがちな子も、遊びの輪の中にいた。空に雲はなく、風もなく、さわやかな遠足日和。私はいったん職員室に戻った。

するとと、後から職員室に戻ってきた松浦先生が、「潔が、まだのようですね」と言った。そういえば、運動場のなかに潔がいなかった。

引率責任者の谷川先生が、運動場側の窓を開けて職員に声をかけた。

「潔がまだですけど、だいたいみんな来ています。先生たちもそろそろ集合して下さい」

「潔のこと、どうしましょう」と、松浦先生が心配してくれた。私は、どうしたものか思案した。まもなく九時。全体のことを考えれば、予定通りに出発したほうがいい。

「潔の家からはまだ連絡がありません。とりあえず出発して下さい。潔は、こちらから家と連絡をとって、あとから二人でみんなを追いかけます」

松浦先生は私の考えに同意し、了解してくれた。

「では、他の先生方にはそのように伝えます。目的地の森林公園で待っていますから」

松浦先生は帽子をかぶって職員室を出た。学部毎に目的地が違っていて、中学部と高等部は、すでに出発していた。教務主任の隈坂《くまさか》先生が留守番役として残った。

「潔の家と連絡がとれんの？」、と心配顔の隈坂先生。

私は、確認するように言った。

「潔を送り出し、保護者も家を出たのではないか。だから電話が通じない。とにかく、潔の遅れの理由が、さっぱり掴《つか》めん。こんなことは初めて。動くに動かれん」

当時、携帯電話は普及しておらず、各家庭とは固定電話で連絡をとっていた。保護者が仕事や買い物、通院などで外出していたら、いくら電話をかけても通じない。

聾学校の子どもたちは、小学部になると、早い段階から定期券を使って公共の交通機関で通学する。潔も例外ではなかった。六時半頃に家を出た潔は、大牟田駅で西鉄電車の特急に乗る。久留米で降り、西鉄バスに乗り替えて学校に向かう。バスは通常、聾学校前に八時過ぎには着く。これだけ遅れ、連絡もないのは、めったにないこと。何かがあったのだ。

みんなが出発して三〇分経った。バスが二台ほど通過したが、潔は降りて来ない。家との連絡も通じない。どうしたらいいのか。私は家に電話を入れながら、あと三〇分待つことにした。しかし、心配は刻々とふくらむ。隈坂先生は立ったり、座ったり。私も立ったり座ったり。とにかく打つ手がない。頻繁に電話をかけ続けるしかなかった。

そんなふうにして、さらに三〇分ほど経過した。その時だった。事務室から電話の内線が入った。潔の母親からだった。

「先生、潔が今、家に戻って来ました。私もちょっと家を出ていて、帰ってきたばかりなんですが、びっくりしてます。しゃくりあげて泣いとるです。潔は電車の中で乗り過ごしたごたるです。どげんしましょうか」

とりあえず母親と連絡がとれた。潔の無事も確認された。私はホッとした。おそらく、電車の中で眠りこけ、終点の福岡・天神まで行ってしまったのだ。朝は張りきって家を出たはずなのに、乗り過ごすとは！　家を出てからすでに三時間……。迷わず母親に言った。

「潔くんは、泣いとってもよかけん、もう一度西鉄電車に乗せて下さい。私が久留米駅で待っときます。弁当と水筒をそのまま持たせて。いいですか。すぐにですよ」

そう言って、私は受話器を置いた。そして、隈坂先生と打ち合わせた。

「聞いとったでしょう。潔は電車の乗り過ごし。今、家です。母親にもう一度送り出してもらい、ぼくが潔を久留米駅で迎えます。それから高良山に向かいます」

「無事でよかった。ところで、お昼の弁当は高良山の森林公園で食べるとやろう。潔と一緒だし、時間もないから車で行ったら」

「そうやけど、久留米駅からはタクシーのほうがいい。みんなと合流したら、一緒に歩いて下山するわけだし、ぼくは、これからバスで久留米駅に行きます。それにしても隈坂先生、ハラハラだったですね。いや、本当によかった」

「御苦労さん！　何かあったら学校に連絡して。ぼくは、ここで待機しているから」

私は、西鉄久留米駅の改札口で潔を待った。潔は私の姿を見つけると、てれくさそうな笑顔で改札口を通過し、おろしたての帽子を深くかぶりなおした。私はその帽子に手を当て、潔と目を合わせ「電話」という手話をした。公衆電話を探し、潔の家と学校に連絡をとった。潔の母親は安心し、うれしそうだった。

それからタクシー乗り場の方に向かった。歩く方向がいつものバスセンターではないので、潔はけげんな顔をした。歩きながらこれからの予定を伝えた。潔はホッとした表情でうなずいた。時計は十一時を回っていた。

タクシーに乗り込んで行き先を告げたら、安堵したせいか、どっと疲れを感じた。潔は、車窓から興味深そうに外を見ている。ふだん通らない道だから、珍しいのかもしれない。私は、目を閉じた。頭の中で、目的地に着いてからのことを考えていた。タクシーのエンジン音が心地いい。ひと眠りしたくなった。その時、やや強い制動を感じ、前のめりになった。赤信号だった。その時初めて運転手さんの顔に目がいった。

何となく緊張しているように見えた。そういえば、動き出してから、タクシーの運転手さんは黙ったままだ。ひとこともしゃべらない。私は無愛想な人だなあと思いながら、潔に目をやった。潔はまた帽子をかぶりなおした。恥ずかしくなったのだろうか。そんなに気にすることないさと、私は心の中でつぶやいた。そして、ハッとした。

もしや運転手さんは私のことを、子どもをたぶらかす変質者と思っているのではないか。あるいは誘拐犯。なにしろ行き先は学校ではなく、高良山の山頂方面だ。しかも乗車した二人は黙ったまま。よりによって、平日の昼の日中にタクシーで山登り。運転手さんは初めから、怪しいと感じていたのかもしれない。だとすれば、誤解を解かなくてはならない。私から、声をかけた。

「今日は、高良山の森林公園に遠足なんですよ。この子が遅れましてね」と私。

「ああ、そうだったんですか」と運転手さん。

しかし、運転手さんの声はまだ硬い。私を信じていないのだ。学校に遅刻というのは、だいたい二、三〇分。三時間以上の遅刻なんて、たしかにどう考えても普通ではない。疑いを晴らすために、私は言葉を足した。

「聾学校の子どもたちは、公共の電車やバスを使って、遠くから通って来ます。一つ乗りそこなえば、一時間以上の遅刻になってしまうのです。この子もそうなんです。ああ、それから私は聾学校の教員ですよ」

「そうだったんですか。いやあ、失礼しました。大変な思いをしながら通学しているんですね。まだ、小学生でしょう。そんな幼い子どもたちが、西鉄電車とか西鉄バスとかで学校に通っているなんて、知らんかったですよ。いや、御苦労さまです」

やっと、運転手さんの誤解が解けた。一難去って、また一難。今日は、まことに山あり谷ありだ。タクシーはくねくね曲がった坂道を、エンジン音を響かせながら登り続けた。

生きていく力

遠足の日に潔《きよし》が遅刻して、私はタクシーで山登りをするという貴重な体験をした。その二年前のこと、私は民樹《たみき》たち五人の学級担任をしていた。

民樹は聾学校小学部の三年生で、明るい子だった。学校が好きで遅刻はしない。欠席もしない。文字はきれいに書こうと努力する。コンパスを持てば、驚くほど正確に円を描く。円の仕上がりに他の子たちも一目置いていた。

一方で、言葉と算数の学習に時間がかかるという課題があった。まわりの子たちが掛け算の九九を覚えた時、民樹はまだ半分くらいだった。二桁の和差算をするのにも苦労していた。板書の字の読み書きにもてこずっていた。

運動場に出ると楽しくはしているが、太っていたせいか、みんなの動きになかなかついていけない。また、同学年の子と一緒にいるより、年下の子と遊ぶことの方が多い。ちょっとしたもめ事が起こると、民樹がやりだまに挙げられ、私がその間に入ることもしばしばだった。教員の間では、「できない子」というレッテルが貼られていた。

養護・訓練の先生から、何時間かを場所を変え個別指導にしようかと持ちかけられた。その話を民樹にしたら、涙を浮かべ、「ここで勉強したい」と言った。

民樹は、お母さんと二人で暮らしていた。そのお母さんは病気がちだった。

二学期が終わろうとする頃のこと。私は、民樹の皹《あかぎれ》がひどくなっていることに気づいた。おしゃれ好きなのに、汚れたままのズボンを何日もはいて来る。連絡帳の返信も途切れがち。民樹に、お母さんの様態を尋ねた。毎日、点滴を受けているという。気がかりだったので、民樹が着ていた服を教室で洗って乾かし、家に行ってみた。

お母さんは椅子に座ってはいたが、見るからにきつそうで、自分でかかりつけの病院に行くこともできない状態だった。急ぎ私の車に乗せ、民樹も一緒に病院へ向かった。民樹は泣きそうになっていた。主治医は驚き、ただちに入院となった。言われるまま、洗面器などの必要品を家でそろえて病室に運んだ。お母さんの具合を心配していた民樹は、お母さんが入院してくれたことで、ほっとした表情になっていた。

　入院の手続きをすべて済ませ、再び民樹の家に戻った。そして、これからのことについて民樹と話し合った。

　その日は、職場の忘年会だった。民樹の夕食はそこでとることができる。忘年会を早めに切り上げ、私の家に一緒に行くことにした。そして、二学期の残りの数日を私の家で過ごす。学校へは私と一緒に通う。親戚の誰かと連絡がつけば、その時に、その後のことを決める。そんな話をした。

　民樹は一つ一つうなずきながら、いつもの表情を取り戻していた。

　さっそく、民樹に外泊の準備をさせた。学用品と着替えの衣服、補聴器、家の鍵。そして、おおよその準備が整った。私は先に出ようとした。するとその時、民樹が右手を挙げ、私に向かって「待って！」と制止した。その声には、それまで感じたことのない力強さがあった。

　えっ、どうしたの？　何を待つの？　私は、自分の不注意を指摘された子どもみたいに動けなくなった。私が立ちどまったことをたしかめると、民樹は驚くほどてきぱきと動き始めた。自信に満ち、流れるような動きだった。

　まず、店屋物のどんぶりの中の食べ残しを移し、どんぶりを洗った。次に小鳥と金魚に餌をやり、覆《おお》いをかぶせた。そして温風ヒーターを部屋の片隅に寄せ、戸締りをし、電気のスイッチを切り、洗っていたどんぶりをポリ袋に入れて玄関の外に出した。どんぶり以外の洗い物を流し台の水切りの上にきちんと伏せた。一連の動きを終え、手を拭いている民樹の姿は、まるで別人のように見えた。

　おそらく、お母さんの日頃の躾《しつけ》と、くり返しの説明のたまものだったのだろう。玄関に出ると、家の外の戸締まりを見てまわった。そして、「だいじょうぶ」と笑顔で言った。

いろいろあって、民樹は福岡市郊外の香椎《かしい》にある親戚の家から通うことになった。香椎からだと「福岡聾学校（現在の福岡聴覚特別支援学校）」の方が近いから、転校を勧めたが、民樹はがんとして転校することを拒否した。結局、二時間ほどかけ、これまでの自分の学級に通うことになった。世話になった親戚の家では、自分で目玉焼きを作り、漬け物も、自分で包丁を持って切ろうとしていたという。

学級や学校の中だけでは考えられない民樹の姿。民樹は、お母さんとの暮らしのなかで生きていく力を備えていたのである。

生きていく力とは、いったい何なのか。

私たちは、数字や言葉に強くあらねば将来困るからという理由で、ドリルや訓練をくり返す。しかし、家庭の条件が崩れてしまえば、そうした学習のための時間は奪われる。日々の衣食住こそが大問題となる。

どこに住み、どんな食事をし、何を着るのかということを考えなければならない。そのことで、本人はもちろん、まわりの人も右往左往することになる。そうなった時にこそ、暮らしのなかで培われていた生きていく力が発揮される。

せっぱつまった状況での民樹のふるまい。そこに、生きていく力というものの片鱗を見た。

なぜ、学校に来ないのか

民樹と同じ学級にアケミがいた。

晩秋の頃のことだった。月曜日には元気だったのに、翌日の火曜日に、はっきりした理由もなく学校を休んだ。母親からの連絡では、風邪ではないらしい。とにかく具合が悪いということだった。なんとなく胸騒ぎをおぼえた。

教室で叱られるようなことがあったわけではない。学級費などの校納金が滞っているというわけでもない。学級で何かあったのではないかと、他の子どもたちに尋ねてみたが、どの子も「さあ」と首をかしげるばかり。以前にも、はっきりした理由もなしに休むことがあったので、今回もそれかと思ったが、どうもそうではないという感じがした。

私は、時間をみはからって寄宿舎に行き、田上先生に相談した。田上先生は、アケミが入舎した時から退舎に至るまでの担当職員だった。自宅から通学するようになってからも、アケミを見守ってくれていて、アケミにとっては恩師のような存在。

衣服のたたみ方としまい方、挨拶のしかた、話のきき方、箸の持ち方、茶碗の運び方、洗濯の仕方、テレビの見方、年下の子への配慮。プライバシーへの自覚、外出する際の気配り、言葉づかいの習得など、アケミにとっては、どれもが田上先生のおかげだった。

寄宿舎には、「教育的配慮」を理由にした入舎があるのだが、田上先生の仕事ぶりは、その面での模範。だから、今回の欠席の理由について、心当たりがあればと相談したのだが、手がかりは見つからなかった。田上先生に礼を言って、私は教室に戻った。

三日目になっても、アケミは学校を休んだ。私は朝の連絡会で、小学部の先生たちに事情を説明し、今後のことを相談した。そして、休んだ日の前日に授業を担当していた私以外の先生たちに、その日の様子を聞いた。

特に変わった様子は見られなかったという。参考までに、どんな授業だったかを個別に尋ねてみた。すると、養護・訓練（略して養訓《ようくん》、現在の自立活動）を担当している先生から、気になることを聞いた。次回の授業に、赤ちゃんだった頃の写真を持ってくるようにという課題が出されていたのである。原因は、これだろうと思った。

「何か、まずいことでも？」と訊《き》かれた。

「いや」と言って、答えを濁した。

その先生の子どもたちへの配慮のしかたは、つねづねこちらの頭が下がるほどだったのだが、アケミの生い立ちまでは把握されていなかったのかもしれない。

アケミが誕生した時、父親は認知してくれなかったという。その状態が続き、アケミは母親一人の力で育てられ、現在にいたっている。

おそらく、アケミが赤ちゃんだった頃の写真はないだろう。あったとしても、母親によって封印されているはずだ。アケミは考えた。あえてお母さんに言えば、お母さんを悲しませてしまう。

アケミは困ってしまった。誰にも相談できない。それで学校に行けなくなったのだ。

そのように考えると、アケミが学校に来ない理由が理解できた。私は、しばらく待つことにした。

アケミの机と椅子はいつも通りにしておいた。学級の他の子どもたちは、「今日も来ないの？」と私に尋ねる。アケミは下級生にも優しかった。下級生の子たちも心配し、手話で「今日も休み？」と尋ね、言い交わしていた。

私は、アケミが休んだ日から陰膳《かげぜん》を続けていた。アケミの机を教室の隅に片付けようとした子がいたので、いつもの通りにしておくように言った。そして、給食時間にはその机に食器を並べさせるようにした。空の食器がそこに置かれているだけで、周りの人は「その人」のことを意識し、「その人」のことを話題にできると思ったからである。

金曜日になってもアケミは学校に来なかった。陰膳は一週間続いた。私は月曜日まで待って、その日にも来なければ、アケミの家に行くつもりでいた。

それでも事情が複雑だから、まず、お母さんとの丁寧な話し合いをしなければならない。簡単にはいかないかもしれない。アケミが本当に元気になるまでには、時間をかけたとりくみが必要となる。私は、そんなふうに考えていた。

そして月曜日の朝。私は早めに教室に行って、窓をあけたり黒板を拭いたりしていた。すると、誰もいない教室にアケミがひょっこり顔を見せたのである。

「おはようございます！」

はっきりしたアケミの声が教室に響いた。

「おはよう！　早いな」と私が返したら、アケミがニッと笑った。

そして、私に「何をしているの？」と尋ねた。

「教室の掃除」と答えたら、アケミは「ほお」と感心した表情でうなずき、席に着いた。

私は、とにかく嬉しかった。そして言った。

「寄宿舎の田上先生と職員室で会った。まだいるかもしれんぞ」

「田上先生！　ちょうどよかった、会ってくる」と言い残し、アケミは足早に出て行った。

この子はまた一つ、たくましくなったのだと思った。事情はまたゆっくり語り合えばいい。これからの人生、まだまだ長いのだから。その日から、アケミは学校を一日も休まなくなった。

卒業後の後日談になるが、アケミは頼もしい女性になっていて、そのことを証明する出来事があった。アケミが結婚して赤ちゃんが生まれたという知らせを、かつての同僚から聞いていたが、その同僚と一緒に、アケミがひょっこり私の家にやって来たのだ。

久しぶりの礼儀正しい挨拶が、アケミの美しさをいっそうきわだたせた。楽しい語らいの時間があっと言う間に過ぎていく。別れの挨拶をしかかった時、アケミが思いだしたように「待って」と言った。

何をするのかと見ていたら、アケミは、生まれてまもない赤ちゃんのオムツを確かめ始めた。そして、「だいじょうぶ」と自分に言いきかせるようにうなずくと、再び赤ちゃんを抱っこして微笑んだ。

私は、なるほどと思った。

そこには気配りを備え、すてきなお母さんに成長したアケミの優しい姿があった。

「鎖国」を考える

二度目の聾《ろう》学校で、私はあらためて授業の難しさに悩んでいた。「えっ、これがわからないの」という困惑の連続。思わず、声を荒げることもしばしば。しかしその本質は、授業を行う側の問題なのだ。そうであるから、責任は私にある。私がもっと工夫しなければならないということ。そう思いつつも、手がかりを探しあぐねていた。

聾の状態だと、周囲の会話が耳に入らず、声の出し方がわからなくなる。人の声が耳に入らないまま過ごすと、言葉の法則についての習得がきわめて困難になる。その結果、学習の様々な面で躓《つまず》きが生じる。そのことを象徴して、子どもたちから出る言葉が、「めんどう」だった。こぶしで自分の頭を叩き、教員に抗議する。

たとえば、文章を綴る際の主語と述語の組み立て。文法上の「が、の、に、を」などの助詞の使い方。さらに、長さや数量、時間を比較していく場合に、縮小や拡大を行う必要性。こうした「関係性」の理解がとくに難しいようで、それが「めんどう」という諦めの言葉になっていく。

こうしたことに関連し、長崎聾学校の西浦先生が、それまでの実践を踏まえながら日本語の特徴を研究されていた。九州地区での研究会で知り合った西浦先生と語り合う機会が増えていた。西浦先生はワインが好きだった。私はワインをついでもらいながら、明け方まで話し込んでいた。しだいに、授業の困難性を解く糸口が見えはじめた。重要なのは「関係性の理解」。そこを意識するような授業をもっと行うべきだと考えるようになっていた。

その年、私が受けもっていた学級は小学部の六年生だった。すでに学校間交流を文部省もすすめる時代になっていた。私の学級も、市内中心部にある小学校の同学年の子どもたちと学校間交流をしていた。学習の進度は違っていたが、社会科については、どちらもたまたま江戸時代の鎖国を取り上げる予定になっていた。

小学校の藤波先生にお願いして、その一コマを任せてもらうことにした。日本と外国との関係性について、考えさせたかった。

江戸時代の鎖国については、①キリスト教の広がりを防ぐ。②貿易を幕府が独占する。というのが正解とされ、だいたいそれで勉強が終わる。たぶん、最近の学習もそこまでだと思う。しかし、鎖国をした幕府や日本の立場からだとそれで充分なのかもしれないが、国際関係においては別の問題が生じる。「鎖国はなぜできたのか」という問題である。これは解釈になるので、さまざまな考え方が浮上し正解の断定は難しくなる。その問題を、一緒に考えようと思ったのだった。

ちなみに私は、四つの要因を考えていた。1．大国スペインの事情。2．キリスト教の死生観。3．幕府とオランダの利害。4．日本が「極東」の国だったこと。

1、2、3の要因についての私の解釈は割愛する。ここでは、日本が「極東」の国だったことを踏まえて、どんな授業だったのかについて述べる。

個人的なことだが、私は「極東」の意味を理解するまでに何年もかかっていた。いろんな人に相談

絵　農中茂徳

したにもかかわらず、答えが見つからなかったのである。ところが、一瞬だった。たまたま友人と語り合っている最中に理解できた。その時の喜びの感覚は今も残っている。考えて、考えた末の発見。そうした感覚を体験してほしかった。

そこで、私にとっての「極東」の物語。

私は一九歳で、東京学芸大学の学生寮にいた。ラジオのＡＭ放送で、極東放送（ファー・イースト・ネットワーク）を聴いていた。極東放送は立川や横田などの在日米軍基地に向けて流されていた。グァム島を中継基地とする日本向けのアメリカの放送らしいが、東京ではこの電波の入りがすこぶる良かった。

放送を聴きながら、私はあらためて「極東」という言葉にとらわれていた。アメリカの側からすると、日本は「極東」らしい。第二次世界大戦終了後に、連合国軍が日本の戦争責任を裁いたのが「極東国際軍事裁判」だった。ではなぜ、日本は「極東」なのか。世界地図を広げると、日本はグァム島から北西に位置する。アメリカからは、太平洋をはさんで「極西」の国である。

それなのに、なぜ「極東」なのか。大学生になってからも、この疑問を解くことができず、どうすれば解けるのかと考え続けていた。きっかけをつくってくれたのは、大学を卒業する頃にアルバイトで知り合った同じ年の平井さんだった。

平井さんは高校卒業後、千葉県野田市の家業を継ぐことになっていたのだが、一年間だけ猶予をもらい、東京での暮らしを楽しんでいるということだった。平井さんはコーヒーが好きで、渋谷にあるジャズ喫茶に通っていた。フランスの実存主義哲学者サルトルを愛読しているらしく、会って話すのが楽しかった。

私は、カミユの『シーシュポスの神話』を読んでいるところだったので、「罰を受ける」ことについての私の解釈をあれこれしゃべった。日が暮れると、平井さんは新宿の裏街を案内してくれた。人混みのなかを縫うように歩いた。街の空気になじめないでいる私を見透かし、それを楽しんでもいるようだった。

「同じ年でも、住んでいる世界が違うんですよね」と平井さん。

人の流れを、かき分けるようにしながら歩いていると、私の腕を引っ張り、

「農中さん、あそこに立っている娘《こ》、声をかけてもらうのを待っているんですよ。わかりますか?」

と、耳打ち。

私は遅れないように歩くのがせいいっぱいで、躓きそうになった。しばらく歩いて、小さな喫茶店に入った。すると、今度は文化論である。

「農中さん、人間はいったん思い込むと、そこからの脱出が難しい。ウインナーといえばソーセージ。そう思っている人が、喫茶店のメニューを見た。ウインナーコーヒーに目がとまった。すると、それ

はウインナーソーセージが入ったコーヒーだと思った。これって、笑えない話です。地図の見方だって、そうですよね。世界地図といえば、多くの日本人が、日本を中心とした世界地図だけを連想します。世界には、ヨーロッパが中心だったり、アメリカが中心だったりする世界地図もあるのにね……」

私は、はっとした。

それこそが疑問を解くカギだ！　何年も解けなかった「極東」の謎が、その一言で解けた。なんとも簡単に解けてしまった。私のなかの世界地図も、一枚だけだったのだ。ああ、素晴らしい発見。コーヒーをすする平井さんの顔が、学者のように輝いて見えたのだった。

さて、「鎖国はなぜできたのか」の授業。

まず、日本が中心の世界地図を黒板に貼って授業を始めた。

私の話をきいている間、子どもたちはこの世界地図を見ながら考えていた。この時、スペインやオランダなどヨーロッパの国々は、日本のずっと西の方にある。一方、アメリカは日本のずっと東。子どもたちは、黒板に貼った手作り教材の船などを見ながら考えていた。世界地図の中心を変えてみたらという子は、一人もいなかった。

展開の後半で、鎖国を揺るがしたペリーの来航を取り上げた。その船団が、どういう経路で浦賀に来たのかということについてである。

ペリーはアメリカの西海岸から太平洋を渡ったのではない。アメリカ東岸のノーフォークを出

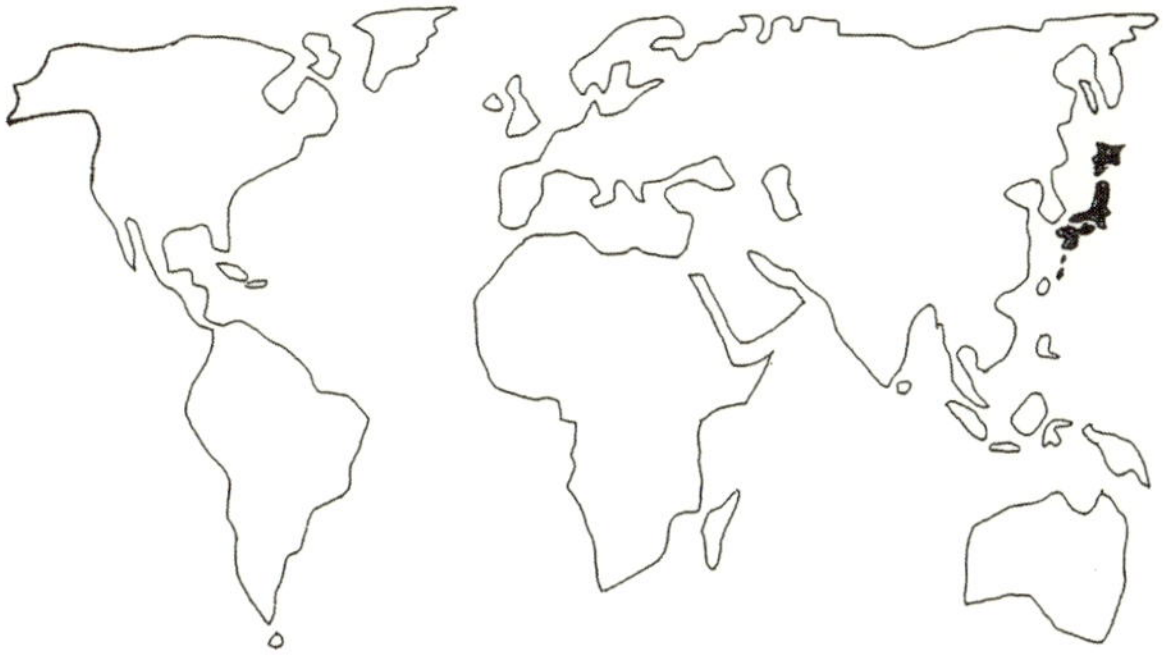

絵　農中茂徳

航。スペインのマデイラ、アフリカのセントヘレナを経由して、ケープタウンに寄港。それからモーリシャス、セイロン島を通過してシンガポールへ。さらに香港、上海、那覇。そして、小笠原諸島にも寄って浦賀に到着。それまでに要した期間は、ほぼ八ヵ月。ひたすら東へ東へと進んだ。それほどまでに、日本は「極東」の地だったのである。

ここを説明する時に、ヨーロッパが中心の世界地図を貼った。すると、子どもたちが「えええっ！」と驚きの声をあげた。「初めて見た」という子がいた。「どこから持ってきたと？」と尋ねる子がいた。「日本まで、ぎゃん（とっても）遠かやん」という声も上がった。

そして、「鎖国はなぜできたのか」についての意見交換。

まず、私の学級の信吾に発言を求めた。どこにいても物怖じしない信吾は、「はい」と言って立ち上がり、何か言おうとした。だが、うまく整理できないようで、「考えてるけど、むずかしい」と言って、苦笑い。

間をおいて、藤波学級の大久保くんが手をあげた。そして、「オランダが日本の将軍さんにワイロをやって、そして、オランダが日本に味方した」

「ほう！」、という声があがった。すると別の誰かが大きな声で言った。

「そうか、『ピーナツ』か。オランダが将軍さんに『ピーナツ』。今といっしょやん！」

ピーナツというのは政界における賄賂のこと。当時、テレビなどで大きく取りあげられていたロッキード事件での贈収賄を意味するキーワード。しばし、「ピーナツ！　ピーナツ！」の大合唱。ころあいを見て、他の意見を求めると、

「スペインもほかの国も、日本に来るまでにくたびれてしまう」という意見。

「日本に来ても、持って帰るものがそんなになかったんじゃない」という意見も出た。

こうした意見にそって、「鎖国はなぜできたのか」についてまとめをした。そして、次のように付け加えた。

「人生は航海のようなもの。分岐点がいくつもあって、選ぶのも舵をとるのも自分。自分が決めるべき時に、考える力がないと決められない。歴史には、考えることで楽しくなる出来事がつまっています。鎖国についても、そうだったと思います」

ところが授業の後、いかにも成績が良さそうな藤波学級の川崎くんが寄ってきて言った。

「先生、考える勉強と言われても、答えのない勉強は困ります」

私は驚いて、一瞬言葉を失った。「そうかな」とぶっきらぼうに返してしまった。

「答えを覚えることだけが勉強じゃないよ。考えて推理する。そのための時間は、けっして無駄ではないのだから」

本当は、そう言おうとしたのだが、予想外の指摘に心が乱れてしまった。というか、私は、あきらかに冷静さをなくしていた。

すると、わきから藤波学級の田端《たばた》くんが、「農中先生」と言いながら割り込んできた。

「先生、今日の勉強はむずかしかった。なあんも言えんやった。ばってん、いっぱい考えたよ。ぼくは、今日はいっぱい勉強したと思う」

田端くんは自画自賛。うれしそうだった。翌日、聾学校で受け持ちの子どもたちに感想を聞いてみた。すると、どの子も口をそろえて「むずかしかった！」の連発。

テーマは悪くなかったと思う。だが、授業となるとむずかしい。

ウナギのかば焼き教室

私が子どもだった頃の学校給食は、空腹を満たすためのものだった。それが今日では、栄養のバランスを考慮したものに変わってきている。栄養士の職が、栄養教諭に位置づけられたのも時代の要請。一方で、画一的な給食は人間の顔をしていないから、やめてもらいたいという主張もある。しかし、圧倒的多数の子どもたちが、学校給食によって健康を保持しているという現実は変わっていない。

当時栄養士だった野島先生に、学級で食についての話をしてもらった。

毎日食べているものには、黄色のものと緑色のものと赤色のものとがある。黄色のものは米やパンなどの穀類。緑色のものはピーマンやニンジンやホウレンソウなどの野菜類。赤色のものは、魚や肉などの蛋白質類。それらを、バランスよく摂《と》るように考えられているのが給食なのだ。こうした主食や副食に、毎日牛乳がつく。

家庭の事情で、朝食を摂《と》ることができなかったり、カップ麺やポテトチップスのようなインスタント食品ばかり食べている子どもたちにとっては、給食は将来への命綱であるといっても過言ではない。しかも最近の給食は、食材が吟味されていて味もいい。

七月に入った頃だった。民樹とアケミは四年生になっていた。学級には他に、瞳と聡介と信一がいた。私はプールでの授業を終え、職員室に戻っていた。体調をくずして授業を見学していた瞳と一緒だった。栄養士の野島先生が掲示板に献立表を貼っていた。いつもより動きが軽やかで、画鋲《がびょう》を押す指先までがなんとなく嬉しそう。

私に気づいて、にんまり。

「農中先生、瞳さん、ウナギですよ！　給食委員会で検討してもらっていた待望のウナギのかば焼き。なんとか出せるようになりましたよ」

と野島先生。私はすなおに驚いた。

「えっ、本当に？　給食にウナギのかば焼きが出るの？　みんなが喜びますよ、野島先生。がんばりましたね。それにしても、日本は豊かになったんだなあ」

そして、初めてのウナギ給食の日がやってきた。いつものように子どもたちと一緒に食缶を教室に運んで来る。ところが、食缶のふたを開けてびっくり。一切れが大きいのだ。いや、でかすぎる。ウナギは、そうとうでかいものでも、焼けばみるみる縮んで小さくなる。なのに、この大きさはどういうことか。私はあきらかにとまどっていた。しかし子どもたちは、平然としてつぎ分けている。

その横で私は、このウナギが川底で動き回っている姿を想像していた。胴体は、足首ほどの太さはあるだろう。そんなの釣ったこともないし見たこともない。だとすれば、輸入物の養殖ウナギか。そうだ、そうであるに違いない。でなけりゃ、安い給食費でウナギが買えるはずがないのだ。そんなことを考えていた。

「先生」、というアケミの声で、われに帰った。

「おいしそう」と、民樹がウナギの皿をかかげていた。

「そうか、うまいぞ」と、私も笑って返した。

しかし、その笑いは演技に近いもので、期待は不安に変わっていた。どんな味がするのだろう。配膳を子どもたちにまかせ、椅子に座っていたら、ご飯の上にどっかりと一枚のかば焼きがのって、目の前に置かれた。

「農中先生、休んだ人がいて、かば焼きが残っています。もう一枚のせましょうか」

と隣の学級の先生から声がかかった。私は、さりげなく返した。

「いやいや、ほしいという子がいるでしょうから、その子にあげましょう」

ごめんなさい！　野島先生。

それにしても、野島先生のがんばりの意味は大きいと思った。なにしろ学校給食の献立に、ウナギを取り入れたのだから。

給食に使われる魚は、当時は冷凍もののサバなどが一般的だった。理由を尋ねたことがあるが、仕入価格が安いらしい。そうした事情の中でのウナギ。おそらく、給食委員会では反対意見も出たであろう。しかし、野島先生の説得力が上回ったということ。

野島先生はつねづね、子どもたちには様々な食材と味覚を提供したいと語っていた。高等部の園芸科の農場を借りて栽培していたサトイモが、雑草で覆われた時には、校長先生の声かけで野島先生も汗だくになりながら、一緒に草取りをしていた。収穫期にはそのサトイモを給食に提供してもらうのだとはりきっていた。野島先生は熱い心を持った人だった。

ところが今回の場合、このままではすませられないという思いが、私の中でふくらんだ。同じ給食を食べている他の学年のグループの中に、泣いてウナギを食べなかった子がいたと聞いたからである。その子は三年生の澄恵《すみえ》。同僚との世間話で、澄恵のお父さんの趣味のことを聞き知っていた。海釣りも川釣りも好きで、澄恵も一緒について行くらしい。澄恵は、釣った魚だったら喜んで食べるということだった。

野島先生が、「ウナギは嫌いだったみたいです」と知らせてくれた。

私は、「嫌いだったからではない」と思った。

普通のウナギだったら、澄恵も喜んだに違いない。しかし今回のウナギは、いつものとは別物で、見たことのない迫力満点の不思議な食材だ。私と同じように、澄恵はとまどってしまったのだろう。みんなが、「ウナギだ、ウナギだ」と騒げば騒ぐほど、「違う、違う」とあらがい、泣いてしまった。

私には、そう思えたのだった。

こうなったら、自前で本物のウナギのかば焼きを作って、証明するしかない。私の中で、ムクムクとやる気がこみあげ、実行する決意が強まった。夏休みに入る前くらいの日がいいと思った。

「こんどの土曜日、ウナギのかば焼きを作って食べようと思うけど、どう？　会費千円で」

こんな調子で、十名ほどの同僚の先生に声をかけた。野島先生も喜んでの参加。ゆとりの時間に、小学部全員の子どもたちとウナギのかば焼き教室を実施することにした。

予算は、同僚から千円ずつ集めて一万円。一匹六百円のウナギだったら、十五匹注文できる。砂糖も醤油も米も炭も予算内で用意できる。もちろん捌《さば》くところから始めるのである。

あらかじめ相談していた川魚専門の卸屋に直接行った。そして、九匹を電気でしめてもらい、六匹を氷温で動きを鈍くした状態にし、クーラーに収納して学校に持ち帰った。

子どもたちに活動のめあてと注意すべきことを説明し、それぞれの役割分担を行った。セメントブロックを運んで来て、囲いを作り、薪を置いて火を熾《おこ》す。薪が燃え、煙の出が少なくなったら、木炭を火床の上にのせて準備完了。

いよいよ本物のウナギを捌くのだ。木陰で待機していた子どもたちを集め、下ごしらえの要領について説明し、子どもたちに投げかけた。

「この中で、誰かウナギ捌きをやったことのある人は？」

するとすかさず、

「ぼく、できるよ」と、六年生の隆一《りゅういち》が手を挙げ、立ちあがった。

自信満々の様子。どうやら、経験者がいたようだ。

「じゃあ、この包丁でやってみて。包丁は使い方を間違うと危険だから、気をつけて」

私から包丁を受け取ると、隆一は俎板の前に位置取りをして、電気ショックでぐったりしたウナギをむんずと掴んだ。そしてそのまま俎板の上に押さえつけて、包丁の刃先を当てた。私は、

「ちょっと待って」と声をかけ、呼吸を整えさせた。

隆一は、あきらかに周囲の視線を意識し、かなり緊張している。

「だいじょうぶかい」の問いに、「だいじょうぶ」の返事。

ウナギを捌く場合、ふつうは頭の部分を錐《きり》のようなものを刺して固定するのだが、彼の手法は違った。色々な方法があるのだろうと思い、黙って見守っていた。すると彼は、鉛筆を削る要領で、ウナギの身をそいだのである。真白い肉片が俎板の上にころがった。

「えっ！」という声があがった。

初めて見るやり方である。そして、しばしの沈黙。

次はどうするのか。そう思った時だった。

「むずかしい！」

隆一はそう叫ぶと、包丁を置いてしまった。

やはり、ウナギを捌いたことはなかったのだ。それでも、多くの子が尻込みする中で、手を挙げたその心意気はたいしたもの。

「ウナギの捌き方には二つの方法があって、一つは背割り。もう一つは腹割り。私は、背割りの方法

でします。どちらの場合も、頭の部分を固定します。見ててよ」

私はそう言いながら、一匹に錐を打ちこみ背割りにした。そして、長い骨をそぎ取った。「ほう!」と、みんなのため息がもれた。

けっこう大きなウナギだったので、頭の部分から四つに切り分け、ボールに入れた。

「さあ、これを金網に載せて焼きます。こげ目がついたら、タレにつけてまた焼く。それをくり返したらできあがり。タレにつけたらまた焼く。何度もそのくり返し。どんどん捌いていくから、みんな、がんばって」

こうなればもう、私はかば焼き屋のシゲさんだ。まず、九匹のウナギに集中し、せっせと捌いていった。ところがこのあたりから、事態は思わぬ展開に。

クーラーの中で異変が起きていたのである。氷温でうずくまっていたはずの、六匹のウナギが動き出していた。クーラーの中の氷が、高い外気温のためにすっかり溶けてしまい、自然界の水温にかわっていたのだ。ウナギにとっては、快適な状態。

クーラーに手を入れ、次のウナギを掴もうとするのだが、勢いづいたウナギは巧みに身をかわし、なかなか掴めない。私の慌てる様が面白いのか、子どもたちは大喜び。私は考えた末、タオルでくるむようにして掴んだ。そして、俎板の上に置き、錐を突き立てた。するとその錐の柄にウナギが巻きついた。はずそうとしたら、今度は私の手に巻きついた。これまた計算外!

「農中先生、だいじょうぶ?」

子どもたちが心配そうにのぞきこんでいる。

「だいじょうぶ……」

と答えたが、半分は自分に言いきかせていた。

生きたウナギでも、手際よくリズミカルに捌いていく本職のウナギ屋さん。その姿が、私の脳裏をかすめた。

「しんぶんし！　新聞紙をちょうだい」

私は冷静さを失くし、叫んでいた。アケミがすかさず新聞紙を差し出してくれた。こうなれば、ぬめり取り用の新聞紙で、徹底的にしごいて弱らせるしかない。新聞紙を受け取ってウナギにかぶせ、ウナギの首のところからしっぽにかけて、何度も何度もしごいた。気のきくアケミが、「新聞紙、新聞紙」と言って、息を弾ませながら束にして持ってきてくれた。

さすがのウナギも、新聞紙の連続しごきにはかなわなかったようで、しごきのあとは錐や手に巻きつかなくなった。新聞紙でぬめりを取る方法は、私が少年だった頃に、父から教わっていた。こんな土壇場で役に立つとは、まさに、父に感謝。

「手伝える人は、ウナギを新聞紙でしごいて！」

私の呼びかけに、手をこまねいていた子どもたちが、いっせいに協力してくれた。

十四匹目のウナギから、えらく手間取ったわけだが、なんとか十五匹全部のウナギを捌き、下ごしらえが無事終了。すでに、あたり一面にはかば焼きの甘い匂い。食欲を刺激する香りが漂う。

「タレに入れる味醂とか山椒とか、あるの？」

同僚の一人が、横あいから聞いてきた。

「そんなもん、いらんよ。たっぷりの砂糖と醤油だけで十分。ウナギの肉汁がタレに溶け込み、ちゃあんと旨味を引き出してくれている。まあ、食べてみて」

あやうく、「いらんこったい（よけいなこと）」とつっけんどんに言うところだった。なにしろその同僚も、千円を出してくれていたのだから。

さあ、いよいよ配膳である。

日陰にゴザ。ご飯は家庭科室で、担当の子どもたちが炊いていた。家庭科室の食器棚からどんぶりと箸が運ばれ、炊きたてご飯が盛りつけられた。人数分あるかどうかを確かめ、ご飯の上に、こんがり焼けたウナギを二切れずつ。野島先生が、収穫したてのキュウリの塩もみを添えてくれた。

「本物のウナギのかば焼きです。おいしいと思います。おかわりは、ウナギもご飯もいっぱいあるから、ゆっくり食べましょう。今日は、みんなの協力と知恵で作りました。では！　いただきます！」

ウナギが給食に出た日、泣いて食べなかったという澄恵が、黙々と箸を動かしている。どの子もいっしょうけんめい食べている。野島先生も、私のタレに注文を付けた同僚も、みんな黙って、うまそうに食べている。

聞こえて来るのは蝉の声。ネコの声も聞こえる。かば焼きの匂いに誘われたのだろう。私も食べた。うまい！　少年の頃、父と一緒に食べた、あの懐かしいかば焼きだ。

ときどき、炭のはじける音がする。木陰を通り過ぎる風が心地よい。

子どもたちの方に目をやると、澄恵がおかわりをしていた。

こわい魚

「ウナギのかば焼き教室」からあっというまに三年が経ち、私は四年生の担任になっていた。受け持つ子どもたちは変わっていたが、定期券を出し入れしながら、バスや電車を乗り継いで登下校する姿に変わりはない。

隣の学級の秀一は、聴覚「障害」に加えて肢体「障害」があったので、お母さんに付き添われていた。秀一は片方の手で杖をたくみに操り、走るのが大好き。汗びっしょりの笑顔が、彼のトレード・マークだった。

「スーパーで魚のコーナーにいたら、この子が袖をひっぱり、こわい魚がおいしいって言うんです。さかんに言うのですけど、先生、何のことだかわかりますか？」

そう言いながら秀一のお母さんは、バス停に向かう彼の後を、笑顔で追いかけて行った。

秋の夕日はつるべ落とし。二人が帰宅する頃は、すでに暮れているだろう。私は校門近くで、二人の下校を見送っていたが、「こわい魚」と言われても見当がつかず、手を振りながら、「こわい魚……」と、呟いていた。

最近の授業に関係があるのかもしれない。そう考えていると、魚を扱った授業のことを思い出した。その授業は、学級の一人である優海《ゆみ》の暮らしと食生活に、一石を投じたいという思いから計画したものだった。

『みんなの発表会』という小学部の弁論大会で、優海は「有明海の魚」と題して、エツ、メカジャ、ワラスボ、ムツゴロウ、クッゾコ、ヤスミ、ハゼクチ、ウミタケ、マテガイ、アゲマキ、タイラギ、ワケ、マジャクといった魚介類のことを発表した。特徴をよくとらえ、絵も添えてあり、食べ方まで紹介。会場の教員や保護者が感心するほどの出来だった。私もさっそく食べてみたくなった。

優海の実家は柳川に近く、両親が鮮魚店を営んでいた。発表会の翌日、学級で私は優海の発表のすばらしさについて話をし、しばらく優海とやりとりをした。

「家の手伝いで配達するときも、あんなふうに話すの？」

「うん、おいしいですよと言って帰る」

「そう、魚の食べ方まで発表していたけど、優海はよく食べているんだろうな」

「私は食べません」

「えっ？　おいしいですよと言ってたけど、食べないの。じゃあ、刺身も？」

「刺身も食べない」

「ええっ、何で。いつ頃から？」

「ずっと前から。何でだか、わからない」

「へえ、そうなんだ……」

私は、開いた口がふさがらなかった。ようするに優海は、魚料理はほとんど口にはしていなかったのだ。魚を仕入れ、魚を捌き、それを客に買ってもらうことを生業としている両親にしてみれば、複雑であろう。

少しくらいは魚を食べてほしい。私にできることはないか。いや、何とかしなければと思った。そして思いついたのが、「一本魚の料理教室」だった。少し大きめの一本ものの魚を買ってきて、刺身とアラ炊きと味噌汁を作って食べるのである。

みんなで食べたら、優海もいくらかは食べるだろう。理科の一時間と家庭科の二時間をつなげば、授業として行える。隣の学級の先生や専科の先生に協力を呼びかければ、楽しい合同学習にすることができる。ただ、時間割の関係で、実施できる期日が限定される。日によっては魚の仕入れに影響が出る。俎板にのせる魚は、できることなら一匹で七、八人分の刺身がとれるような魚。たとえばハマチ（ブリ）。あるいはマダイなどがいい。

ここまで考えたら、授業の指導案はできたも同然。私はせっせと段取りを整えた。

その日が来て、私は管理職に外出の許可をもらい、あらかじめ頼んでおいた学校近くの鮮魚店に向かった。鮮魚店のオヤジさんは下ごしらえの最中だった。

「先生、マダイはあったけど高過ぎた。かわりに、ハマチのいいのがあったよ」

そう言いながら、持ち込んだクーラーに、ドサッと入れてくれた。一本四千七百円也！

「今日は、四千七百円也のハマチ！」

そんなことを一人で呟きながら、私は聾学校の家庭科室がある棟に直行した。この際、魚の値段はたいした問題ではない。問題は、優海が食べてくれるかどうかなのだ。

車から降りる時、新聞紙にくるんだ出刃と柳刃を、ハマチを収納していたクーラーに入れた。二本の包丁は自宅から持ってきたもの。学校の包丁は衛生的に管理されてはいるが、切れるかどうかがわからない。

授業のはじめに、食材となる魚や米や道具について説明をした。そして、最初に米とぎ。ご飯を仕込み、炊いておかなければならない。次に、ハマチの下ごしらえだ。

水で洗い、拭きあげたハマチを俎板にのせる。見守る五人の子どもたちから「オーッ！」という歓声があがった。「ふてえ！」と言ったのは、隣の学級の安達先生だった。たしかに、俎板の上のハマチは、その太さと存在感で私たちを圧倒していた。

私は、形が違う三つの包丁を並べ、目の前のハマチを捌くのにふさわしいのはどれか、と問いかけた。

まず、出刃を手にとった。

「重くて大きいこの包丁が出刃。大きめの魚を捌く時に使います。いつも切れるようにしておくこと。切れないと、よけいな力が入って自分の手を切ることがあるからね。使った後はよく研《と》いで、水気をきれいに拭き取っておくように」

ハマチは活《い》け締《じ》めにされ、血抜き処理がしてあったはずなのだが、頭とカマの部分と内臓を切り落とす時に、真っ赤な血が流れ出た。子どもたちの様子をうかがうと、優海は見たくないといった表情。秀一は顔をしかめ、口をゆがませていた。

ハマチ本体を三枚におろしたら、頭の部分を二つに割る。頭をまっすぐに立て、口のところに出刃の刃を当てて、片方の手を添え押し込むようにして包丁を入れていく。こうして頭を割るのは、その後の料理をしやすくするためである。

頭は塩焼きにもアラ炊きにもなるが、今回はアラ炊きの材料。内臓の胃の部分も、洗ったら使える。中骨の部分は適当に切り分けて、アラ炊きや味噌汁の材料にする。

刺身用の二枚は、血合いの部分と腹骨の部分を取り除く。腹骨がついた部分は油がのっていて塩焼きが旨いのだが、今回はカマの部分と同様に、アラ炊きの材料にする。

刺身用の二枚が四本のサクになって、大皿に並んだ。別のボールには、味噌汁用に切り分けられた中骨と血合いなどのアラ。もう一つのボールには、アラ炊き用の頭とカマと、腹骨の部分と中骨など。これで下ごしらえが完了。

あとは、ご飯の炊きあがりを待ち、アラ炊きと味噌汁を作って、食べる直前に刺身を引いて、皿に並べるだけとなった。

包丁は、私が拭きあげ、子どもたちが俎板を洗って台所を整理し、電気釜のスイッチを押した。これで前半の授業が終了。子どもたちは、次の授業がある理科室に急いだ。

後半は、理科の授業が終わってから。その間に私がアラ炊きと味噌汁を作っておく。子どもたちが戻ってくる頃には、ご飯がふっくら炊きあがっているだろう。

ハマチのアラが多いので、煮汁も多めに準備した。醤油と味醂と少しの砂糖。それに酒とタカノツメを少々。大鍋に水を入れ、これらの調味料を合わせて、焦げないようにしながら煮立たせる。ハマチのアラをよく洗い、ザルに移して熱湯をかけ、ぬめりやアクを流してから鍋に入れる。落とし蓋の代りにアルミホイルを使う。鍋の蓋はかぶせない。

アルミホイルが煮汁の泡で押し上げられる状態になるよう、火を調節し、しばらく煮る。こうすると、煮汁がまんべんなく食材にしみわたる。蓋をかぶせないのは、匂いがこもらないようにするため。ほどよく煮立ったら火を止めて冷ます。冷めながら煮汁のうま味が魚のアラにしみこむ。煮汁が残ったら、その汁でゴボウかダイコンを煮る。

もう一つの鍋で味噌汁を作った。まず、味噌汁用のアラをザルに入れて、熱湯をかけて洗う。身が縮み、生臭さがとれる。これを煮立たせた熱湯に入れ、ふきこぼれないようにしながら、アク取りをていねいにくり返す。鍋の中で、アラのうま味が濃厚なダシになっていく。アク取りがすんだら、火を調節して味噌を入れる。味噌の種類や分量は好みで選ぶ。刻みネギを忘れずに用意する。

そろそろ、理科の勉強をすませた子どもたちが戻ってくる時間である。刺身を用意しなければならない。刺身用の四本のサクが大きいから、大皿二枚分の刺し身ができる。

私は刺し身を引く場合、皮を下にして一枚ずつそぐように引いていく。本来の刺身の引き方ではないかもしれないのだが、これはこれで一つの流儀。まず、二本のサクで一皿を作った。それにラップをかけ、冷蔵庫におさめた。刺身が好評だったら、これを追加で出すことにする。

はしゃぎながら戻ってきた子どもたちが、俎板を囲むようにして座った。すると、たちまちこわばった顔に変わった。

刺身用の包丁が、なぜ細く長いのか。説明しながら、引いた刺身を一枚ずつ大皿に盛り付けていく。背の部分と腹の部分では味に違いがあるので、その説明をすると、安達先生と同様に、子どもたちが神妙にうなずいていた。そこへ、理科を教えている谷川先生が入ってきた。

「うまそう、この匂い。いやあ、食欲がそそられる！　遠慮なく、参加します」

教室の中が、たちまちにぎやかになった。

みんなでご飯とアラ炊きと味噌汁をつぎ分け、それぞれのとり皿に刺し身用の醤油と箸。そして、刺身の大皿を囲んだ。子ども五人に教員が三人の楽しく贅沢な食事だ。そろって「いただきます！」。

ところが、「いただきます！」を言って、「うまい。うまい」と言いながら、箸を動かしているのは私たち教員だけ。子どもたちは箸を持ったまま、私たちの方をじっと見ている。子どもたちはいっこうに箸を動かそうとしないのだ。

「どうしたの、おいしいよ。なんで食べないの？『いただきます』をしたのだから、早く食べたら」と、谷川先生。でも、どういうわけか、優海も秀一も陽子も潔も美樹も体をかたくして、箸を動かそうとはしない。大皿の刺身は、私たち教員によってどんどん減っていく。

そのとき、声も出さずにこちらを見ていた優海が、じわっと尋ねた。

「ほんとうに、おいしいの？」

「おいしいさ。だから、ほら、刺身はもう半分になってしまったじゃない」と私。

谷川先生が、ほっぺたを片手で軽く叩き、「おいしい！」と手話で表現しながら、にこにこして食べている。「見てるだけでも、かまわんよ」と皮肉っぽい手話も。

ここまでと思ったのだろう。優海を中心に子どもたちが目配せしたかと思うと、箸を出し、刺身に醤油をつけて口に運んだ。すると、子どもたちの表情が一変。それぞれが顔を輝かせて「おいしい！」を連発。

そして何を思ったのか、大皿の刺身をかたっぱしからつまみ、競争するように次々と自分のご飯の上にのせはじめた。あきれて見ている私たちには目もくれず、あっというまに大皿はからっぽに。それから子どもたちは一息つき、おもむろに自分の刺身を一枚ずつ、小皿の醤油につけながら食べ始めた。ニンマリして曰く。

「先生、刺身はこれだけ？」

こんなぐあいで、冷蔵庫に備えていたもう一枚の大皿の刺し身は、子どもたちが競い合うようにしてペロリ。味噌汁は「汁だけ」と言っておかわり。ご飯もおかわり。アラ炊きは、「もう食べきらん」と言って、半分以上が残ってしまった。それでも満足のひととき。授業の意図も、とりあえずは達成できたのだった。

その翌日、登校してきた優海から連絡帳を受け取ると、私ははやる心で開いた。期待していた以上のことが書かれていた。

　優海が帰ってから、うそみたいなことを言うのです。「晩ご飯のおかずは、さしみと魚のみそ汁と煮つけ」。どうせだまされるのならと、ヒラマサのさしみとアラカブのみそ汁とクッゾコ（シタビラメ）の煮つけを作ってやりました。すると、きれいに食べたのです。いったい何があったのでしょうか。

喜ばしいことだった。優海のための授業が実を結んだのだ。

しかし、このことは学級では話さず、誰かにきかれたら話題にすることにした。たしかに、優海の食生活に大きな変化が起きたわけだが、問題は、日常化するかどうかである。どうか、魚好きになりますように。

さて、秀一の「こわい魚」のことについて考えておきたい。

ハマチを捌いた時のこと。包丁を使ってハマチの内臓をとり出すと、たくさんの真っ赤な血が俎板に広がった。私の手にも赤い血がベットリついた。周りにいた子どもたちの中で、秀一は顔をしかめ口をゆがませながら凝視していた。秀一は「気持ち悪い」を越え、「怖い」と感じていたような様子だった。

しかしながら、そういう段取りを経て、一本もののハマチが刺身とアラ炊きと味噌汁になった。しかも、ご飯のおかずとして食べた時に、「おいしい!」という感覚を体験した。

まさに、秀一にとっては、強烈な逆転劇。それが、「こわい魚がおいしい」という言葉になったのだ。実感のこもったすなおな表現だと思った。

「子わかれ」からの性教育

私も父親となった。

だが、私は仕事に追われ、育児はつれあいに任せきりだった。ただ、お風呂入れだけは自分の役目だとがんばった。冬の日に、お風呂の中でうんこが浮かび、どうしたものか困ったことがあった。お風呂入れは、子どもが幼稚園に上がる頃まで続いていた。

そんなある日、いつものように歌ったり、水鉄砲で遊んだりしていたら、息子から突然訊かれた。

「パパ、おちんちんのまわりにおひげがある。ぼくにはないよ。どうして」

「ああ、これか。パパがおとなだからだよ」

「ふーん」

これでいいのだと思う。あせっても嘘は言わない。親として、おとなとして、子どもの土俵の上で答えていく。もちろん、答え方には工夫が必要なのだが。

ところが、娘が中学校の一年生になっていたある日のこと。私は食事をすませたところで、お茶を飲みながら新聞を読んでいると、娘が訊いてきた。

「ねえ、体を売るって、どういうこと？」

娘からの思いがけない質問に、私はうろたえた。「えっ？」と言葉を濁してしまった。

「ちょっと、待って」

と言うのがせいいっぱいだった。

おそらく、友だちの間で何かあったのだ。たとえば、「体を売る」という話になり、「あんたには、わからんよ」とでも、言われたのかもしれない。

そのあたりの経緯はともかく、私は、「体を売る」ということについて、どう説明すればいいか考えた。わかりやすく納得できるような説明の仕方を考えた。そして、言った。

「黒猫の大きなぬいぐるみ。今、どこにある？」

するとき娘は、

「ええと、どうしたかなあ……。どこかが壊れて……。押し入れの中だっけ？」

などとつぶやいていた。そこで、私はこんなふうに言った。

「欲しい、欲しいと言って買ってもらい、やっと手に入ったよね。だけど、玩具《おもちゃ》だからすぐに飽きてしまう。捨ててしまうこともあるし、どこに置いたのか忘れてしまう。玩具とは、そんなもの。それで、体を売るってことだが、私はあなたの玩具になってもいいですよ、ということだと思うよ」

すると、娘が言った。

「体を売るって、自分が誰かの玩具になるってことか。いやだ！　怖いよ」


じつは、その半年ほど前のこと。私は家族を相手に、性教育の模擬授業を行っていた。

小学校二年生の国語の教科書（光村図書　一九八八年）に、「きたきつねの子ども」という単元があり、聾学校の小学部四年生の教材になっていた。そしてその授業が、自分流の性教育を始めるきっかけとなった。

春になると、北海道に棲むキタキツネの赤ちゃんが巣から出てくる。親のそばで戯れて遊び、追いかけっこをしながら育っていく。夏になると、体がおとなほどになり狩りの仕方をおぼえていく。そのようにしておとなになっていく。それがこの単元のおもな内容である。

教科書には登場しないけれど、著者である、たけたづみのる氏は別の写真集で、「子わかれ」という貴重な場面を紹介していた。

おとなになりかけたばかりの子どもが、いつものように巣に戻ろうとした時、母親が牙をむき出し、巣に入ることを拒否する。それでも子どもは巣に戻ろうとするが、母親に威嚇《いかく》され、子どもはたじろぎ、巣に戻ることをあきらめて去っていく。単独で生きていく日々が始まるのだ。

動物の世界とはいえ、自然界の掟《おきて》とも言うべきこの事実は衝撃だった。それなりの社会制度が整っている人間界にあっては考えられない出来事なのだから。その驚きと感動を子どもたちに伝えたいと思った。関係する先生たちに相談し、四、五、六年生合同の授業をすることにした。

一人ぼっちになったキタキツネは、体こそおとなだが、心も技もまだおとなではない。食べ物が見つからなければ死んでしまう。藪《やぶ》の中で毒ヘビに噛《か》まれてしまうかもしれない。大きな穴や崖に落ちれば、上がれなくなってしまう。川を渡ろうとして、深みや流れにのまれてしまえば死ぬ。敵は地上だけではない。タカなどの猛禽《もうきん》類に、空から襲われたら、自分が餌にされてしまう。

人間のワナにかかって命を落とす場合もあるだろう。常に死と隣り合わせの一日が過ぎていく。そんな危険いっぱいの毎日をくぐり抜け、生き延びたものだけがおとなになり、やがて結婚相手と出会う。

「子わかれ」があまりにも絶望的だっただけに、生き延びた後の出会いは感動的である。話に聴きいっていた子どもたちは、ため息をつき「よかったね」とつぶやいていた。

物語の情景を説明するため、いくつかの教材を用意した。まず、「子わかれ」の場面の写真とその拡大コピー。さらに、白土三平著『カムイ伝』。『カムイ伝』は、一九六四年から月刊雑誌『ガロ』に連載されたマンガ。その後小学館から、全二一巻が刊行され、第一巻に自然界で生き延びていくオオカミの姿が描かれている。

授業を終えた後、私はこの「子わかれ」というテーマを、一九九一年度の文化祭のステージ発表につないでみようと思った。時期をみて、関係する先生たちに相談した。面白そうだと賛同してもらった。問題は形式で、私は、影絵で表現することを提案した。

子どもたちは、すぐさま「それがいい！」と賛同してくれた。そして、「農中先生がお話を書くでしょう」、「みんなは影を動かすから」という展開になった。初めての影絵劇なのだが、子どもたちはやる気満々。「練習すれば大丈夫」と盛り上がった。四、五、六年生の合同といっても、女子四人、男子五人の小さな集団である。まとまりは早かった。

こうして、創作影絵劇『きたきつねカルカラ』の制作が始まった。

影絵操作《オペレーター》は子どもたちで。語り手《ナレーター》も子どもたち。台本、演技、大道具、小道具、照明、効果音などを教員が受け持つことになった。

その時の台本の場面ごとのコンテと見出しだが、次のようになっている。

①春の陽《ひ》の場

・巣穴から出て遊ぶ子どもたち。

②狩りの場

・チョウやウサギを巧みにつかまえるお父さん。

③子別れの場
・突然おそいかかってきたお母さん。

④逃亡と困惑の場
・巣を追い出され、逃げまどうカルカラ。

⑤ひとりぼっちの場
・帰る場所を失い、ひとりになったカルカラ。

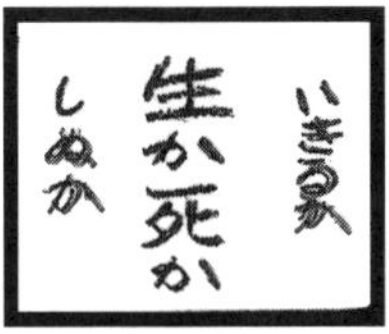

⑥しのびよる危機の場
・穴に落ちる、タカからおそわれる、食べるものがない、死の不安。

⑦クマ襲来の場
・うしろからクマ、気づかないカルカラ。

⑧危機脱出の場
・高くとびあがり、クマをとびこえたカルカラ。

⑨生きる決意の場
・自信をもって走るカルカラ。生きるんだ！

⑩不安と期待の場
・姿を消したカルカラ。もどってくる予感。

⑪新たな出会いの場
・カルカラの前に、すてきな恋の相手が。

⑫希望の場
・カルカラはどこかでかならず生きています。生き延びて、今ごろは、きっとすてきな恋人と出会っていることでしょう。（スクリーンに♥のマーク）そしていつか、かわいい子どもたちをつれて、私たちの前に現れることでしょう。
・そんな日が来ることを楽しみにしながら、『きたきつね・カルカラ』のお話を終わりたいと思います。（スクリーンに「おしまい」）

最後の場面の演出は作品のテーマとも関係し、とても重要である。それは♥マークの出し方で決まる。私の台本では、大きめの♥マークがスクリーンの中央部に出てくることになっている。そのことを徹底するため、私は操作役の子どもたちに手本を示して見せた。

すると意外なことに、「先生の方法は違う。ダメ、ダメ」と、声をそろえて反論したのである。しかも、そのイメージはすでに子どもたちの間で共有されているようなのだ。

では、みんなの考えでやってごらん、と半信半疑のまま下駄を預けた。すると、子どもたちは手際よくスクリーンの上手と下手に分かれた。双方が呼吸を合わせるや、それぞれに一つずつの♥マークを登場させた。そしてスクリーンの中央部に動かし、二つを一つに優しく重ねたのである。

なるほど！　と思った。両者の合意に基づく結婚だ。私は脱帽し、しばし言葉を失った。恋の出会いについて、子どもたちはすでに豊かな感性を持っていたのだ。私は、子どもたちの理にかなった演出方法に感動していた。

ラストシーンの演出をめぐる経験を通して、私の中に、一つの考えがふくらんだ。一緒に学習できるこの機会に、性の学びをしておくという計画である。影絵劇の事後指導でその導入《どうにゅう》を行い、その後に必要な内容の授業を行う。体系的でごまかしのない性の学び。それはこの機会だと思った。

授業へ

性教育については「いずれわかる。あえて詳しく教える必要はない」という立場と、「性交まで教えるのが、おとなとしての義務」という立場が、対立しながら今日に至っているようである。私はきちんと教える立場でのぞむことにした。

「性」の学びは、ふだん隠している部分を一度表に出すことになるから、緊張しないと言えば嘘になる。恥ずかしいと思ったらこの授業はできない。これは、すてきなおとなになるための必要条件なのだという信念が、授業に集中する土台となる。

授業計画は次のようにした。

① キタキツネと「子わかれ」
② 人の成長と、おなかの中の赤ちゃん
③ おとなをめざして（学年ごとに）
はじめはみんな卵（四年）・男女の発育のちがい（五年）・おとなになる（六年）
⑤ 生理と受精卵（ここで性交を教える）

合同授業の指導案を配布し、保護者にも了解してもらう時間を確保した。事前に親子で話し合う家庭もあるだろうし、保護者からの相談や問い合わせなどにも備えておく必要があるからである。

「人の成長」の授業では、手書きの裸の絵カードを十四枚用意した。

それを数人の子どもたちが黒板に貼っていく。生まれたばかりの赤ちゃんから、青年、そして腰の曲がった老人まで描かれている。もちろん、胸や腰といったプライベートゾーンも丸裸。ふだんは秘められ、見るなと言われていた世界が提示される。

このカードを年齢順に並べさせるのだが、黒板の前に立って、カードの仕分けをしようとしたとたんに恥ずかしがり、「おまえがやれ」と譲り合う。それぞれがカードを直視できなくなり、お互いに尻込みしふざけ合ってしまうのだ。

「さあ、進めて。次の勉強ができなくなるよ」

と、こちらから催促すると、たちまち態度を変え仕分けへの集中が始まる。この作業こそが、以前から学びたがっていた勉強であることに気づくからであろう。

子どもたちの頭の切り替えは速い。黒板に十四枚のカードがずらりと貼られると、子どもたちの視線の先は、胸や腰といった部分だけでなくカードごとの年齢の違いの方へと移る。そして自分の選択が正しかったかどうかに集中する。その時、それぞれの心を縛っていた鎖の一つが解き放たれ、カードの一枚一枚を、落ち着いて直視するようになる。「学ぶことは変わること」「解《わか》ることは変わること」と言われているが、その具体的な姿がここにあると思った。

ある研究会で、大分聾学校の井坂先生に裸の絵のカードの話をしたら、井坂先生が大笑い。

「そりゃあ、子どもたちは緊張したじゃろな。ふだんは、見ちゃならんて言われよったんが、ちゃんと見れっちなったんやろう。びっくりするわな。その授業、俺んとこでもしてもらいたいもんやわ」

実現はしなかったが、井坂先生の笑いは、大きな励ましになったのだった。

ところで、それらのカードの中で最も高齢者の絵に、私は何とも言えぬ新鮮さを感じていた。私は介護を要する高齢の父と同居していて、お風呂で背中を流したり夜中に下着をとり換えたりしていたので高齢者の裸は見慣れていた。しかし、あらためて絵にすると、いくつもの発見があった。折れ曲がった腰と膝。皺《しわ》のある臀部《でんぶ》と背中。優しくすぼまった口もと。こういう部分の表現がそれぞれ一枚の絵に納まった時、その絵はこれまでに見たことのない表現となっていた。

なぜ、かくも新鮮に見えたのであろう。今の世の中、週刊マンガやテレビ、DVD、ケータイ等といった媒体を通して、次々と裸の情報が提供されている。それも圧倒的に若い女性の裸である。たまに赤ちゃんだったりするが、高齢者の裸が登場することはない。売り物となる性の持ち主だけが情報となっているからだ。

授業の最後に本の紹介をした。授業のために使った本はほとんどが学校図書館の本であること。本の貸し出しの時には、いつでも借りられることなどを話した。これまでに借りたことあるかどうかについて尋ねてみたが、誰も手を挙げなかった。

図書係りの前に本を差し出せば、「エッチな本だよ」と言われたり「スケベーなやつ」という目で見られたりするかもしれない。周りの声や視線を意識して借りる勇気が出なかったのだろう。おとなたちの遅れた性意識が、子どもたちの心まで呪縛《じゅばく》していたのだ。

子どもたちは授業が終わると、図書棚の方へ行き、思い思いに手に取り、それぞれ話し合いながら一冊ずつ借りて帰った。心を縛っていた鎖からまた一つ、子どもたちが解き放たれたのであろう。

「おなかの中の赤ちゃん」の授業は、「赤ちゃんはどこからやって来るの？」という質問から始めた。この時、童話や昔ばなしの場面の絵を、数枚提示して手を挙げさせた。モモから、バラから、竹の中から、キャベツからという絵に対しては全員が笑って否定した。川の上流から箱に乗ってという絵や、お寺の前に置かれてという絵に対しては、全員がむきになって否定した。

ところが布に包まれた赤ちゃんがコウノトリに運ばれて来る絵を見せると、すかさず手を挙げる子がいた。その自信たっぷりの気合いに圧倒されたのか、何人かの子が「えっ？」と半信半疑の表情になった。しかし、間違った出生観であることを知らせると、半信半疑だった子どもを含め、ほぼ全員が、「ほらね」とうなずき安堵の表情に変わった。

赤ちゃんは、お母さんのおなかから、産道を通って生まれてくるという話をすると、

「やっぱり！」「当たり前！」

といった声が上がった。

では、お母さんの出産はどんな様子で？　という質問に対しては、

「わからん」「むずかしそう」「苦しいけど、がまん」

といった答え。

ここで、出産中のお母さんと赤ちゃんの様子を描いた三枚の絵を、順番に提示した。赤ちゃんが取り出される寸前のお母さんの表情に、子どもたちは特に注目した。

「お母さんは頑張っている！」と息を飲んだり、

「赤ちゃんも頑張っているね」と感心したり。

赤ちゃん誕生という出来事に対する子どもたちの関心は想像以上に高かった。

「では誕生前の赤ちゃんは、お母さんのおなかの中でどんな様子だったと思う?」

と尋ね、想像させた。

用紙を配り、想像した赤ちゃんの様子を自由に描かせ、しばらくして用紙を回収すると、中には、おなかの中の赤ちゃん(胎児)が服を着たりしていて、思わず吹き出しそうになった。しかし、このことについてはコメントせずに次へと進んだ。こうした間違いは、その後の授業でおのずと気づいてくれるからである。

授業のその後の展開だが、私の手法では、誕生という場面から一ヶ月前、二ヶ月前といった具合に受精卵までさかのぼる。

通常「妊娠何ヶ月目」という説明が一般的なのだろうが、これは受精を前提としており、受精卵から進んでいくことになる。科学的には当たり前のことであっても、暮らしの中では見えない。それに受精という現象そのものが、なんとなく謎めいている。説明の仕方によっては、性交という行為を先に説明しなければならなくなる。

ここからは、私にとっても力不足の分野で、進むためには時間を必要とした。そこで思いついたのが誕生会。「誕生前何ヶ月」という表現にすると、起点が身近で分かりやすい。こうした理由で、胎児の絵カードの表記は、農中流で行うことにした。

胎児の絵カードを作っている時、一つの疑問が浮かんだ。胎児はおなかの中で、オナラやウンコはしないのかなという疑問である。オシッコについては羊水の中にちゅるちゅる出すということを聞いたことがあった。

職場の同僚や私の配偶者に訪ねてみたが、「さあ？」という返事しかかえって来なかった。本を引っ張り出しては「わからん」「どこにも載ってない」などと、何日も一人ごとを言っていたと思う。

ある日、六年生になる娘が、封筒に入ったメモを持ち帰ってきた。娘の学校の保健室の先生からだった。「何かお手伝いできることがあれば協力します」という励ましの言葉が書いてあった。私の様子の異変に気づいて心配した娘が、学校の保健室に用があった際、

「最近のパパは何だかへん。性教育の本をめくっては、困った困ったと呟いている」

などと相談していたらしい。胎児のオナラについての疑問がふくらむばかりの私の姿には、悲壮感が漂っていたのだろう。

さっそく相談の手紙を書いた。すると数日後に、小学校の近くにある産婦人科の先生から、疑問に答える手紙（意見書）が届いた。保健室の先生が仲介してくださったのである。

ふだん我々が気にしないような事に着眼されるとは、素人の人は恐ろしいくらいに感じます。あまり性教育には関係がないとは思いますが……。（略）三ヶ月までは腸管の内容物はなく、四ヶ月になると内容が増加する。その内容は嚥下した羊水、肝臓、膵臓、腸粘膜のぶんぴぶつ、脱落した腸粘膜上皮よりなるもので胎便という。妊娠後半期になると、羊水中に胎便を排泄するが、原則的には大腸内に蓄積される。したがって、原則として胎児の排便は行われず、生後に排

便すると考えてよい。（略）しかし、このようなことを話されても、意味はないでしょう。（略）五ヶ月くらいになるとお母さんが嬉しいのか悲しいのかも胎児はそれとなく感じ、七ヶ月になると耳もよく聞こえ、外の音を聞きます。特にお母さんの声は良く聞いています。など、こんな話のほうが良いでしょう（略）平成三年十二月十日　Ｈ・Ｙ

オナラについての記述こそ具体的にはなかったが、オナラのもととなる胎便について詳しく説明されており、よく分かった。そして性教育の要点についても理解できた。さらに、本気にとりくんでいけば、多くの人たちが協力し、応援してもらえるということ。まことに、娘と娘の学校の保健室の先生に感謝だった。

「生理と受精卵」の授業では、動物の交尾を扱う。すると、次は人の性交ということになる。ところが、これが簡単ではない。性交という行為の扱いについては、詳しくは教えないという考え方があるが、私はきちんと教えるべきだと考えていた。なぜなら、エイズや感染症について、その感染経路を説明するためには、性交に触れなければならないからだ。

しかし、性交を説明しようとすれば「壁」に突き当たる。「壁」というのは、「展開によっては誤解が生じる」「授業の後が心配」「つっこんだ質問にどう答えるか」といったようなもの。したがって、性交まで教えようとすれば、納得できる理論が必要となる。

私は性交まで教える必要性を感じてはいたが、理論を持っていたわけではない。ただ、授業を積み重ねていけば、納得できる理論が見つかる、という漠然とした安心感のようなものがあった。それは

「性」というものが有している力を信じていたからだと思う。

だから、なんとしても「壁を貫く理論」が欲しかった。そして、急がなければと思った。子どもの自殺の問題があったからである。その当時、思春期の子どもの自殺が増え、文部大臣みずから「自殺するな」と呼びかけなければならない状況が生じていた。

駆け落ちや心中というのは、愛し合う二人の、周囲からの圧力に対する抵抗である。凄い力だと思う。私は、「自殺を考える前に、恋愛の経験を」と心の中で叫んでいた。誰かを好きになれば、別の人生が見つかり、生きる力がよみがえると考えていたからだ。

自殺には、虐《いじ》めや暴力、偏見や無視、偏差値といったものが関係している。私なりの性教育の理論を見つけ、伝えていけば、思春期の子の自殺防止にもつながる。そう考えていた。

キーワードは「学び」だと思った。人生における「学び」について考えた。

多くの親はわが子に対し「勉強しろ、勉強しろ」と口やかましく言う。ここでの勉強とは、おそらく学校での勉強。だとすれば、それは主として「読み、書き、そろばん」。つまり学問や技術の学びのことだ。

結果を点数化すれば、成績の序列化ができる。「偏差値」という言葉そのものは、かつてほど耳にしなくなったが、最近では、「数値評価」「数値目標」「能力別」といった言葉が頻繁に使われている。「出世」、「世間」という言葉は序列化の象徴的用語で、もはや死語かと思っていたが、そうではなかった。人々の多くが、点数化や序列化にすがりついている。

たしかに学問や技術の習得は、暮らしを豊かにするし学びの基本である。そして、この学びは本人のやる気で決まるし、一人でもできる。ともあれ、これが学びの一つの柱。

しかし、その分野で秀でた力があっても、普通の挨拶ができなかったり、事あるごとに人を不愉快にさせてしまう人がいる。言葉で傷つけたり、差別をしているのに、指摘されても解《わか》ろうとしない人がいる。だとすれば、学問や技術の勉強以外にも行うべき大切な学びがあるはずだ。

点数や成績がいいわけではないが、そばにいるだけで心地いい人がいる。たとえ不利に思えても自分の考えをはっきり言う人がいる。心につかえた話を気兼ねなく聞いてくれる人がいる。一緒に食事をすると楽しくなる人がいる。差別に気づき差別をなくそうと努力している人がいる。

このような事例を考えると、周りに人がいないと、学べない世界があることに気づく。一人ではなく、みんなのなかで学ぶ。それは人間関係の学び。これで、学びの柱が二つになった。

しかし、十分ではない。頭が切れて人間関係もそつがないのに、恋愛のことになると、うまくいかないという人がいる。

一般的な人間関係とは異なり、プライバシーに関わることなので想像するしかないのだが、好きな人のことを分かっているようで、本当はなかなか分からないという問題。

これは異性間の場合も、同性間の場合についても言えることなのだが、好きで一緒に暮らしていても、折り合うという発想がなければ、少しの行き違いからたちまち破局に陥る。誰かが力になろうとしても、もはや第三者には何もできない世界なのだ。

ここで、二人による愛し合い方の学びというものが成立する。愛し合い方は誰も教えてはくれない。親も親しい友人も。それは二人がそれぞれに思いやり、創《つく》りあげていく世界。まさに、二人だけの自己学習。そして、これが人生における学びの三番目の柱として位置づけられる。

整理すると、人生における学びには三つの柱がある。まず、「学問や技術」（一人での学び）。そして、「人間関係」（みんなでの学び）。さらに、「愛し合い方」（二人での学び）である。この三つを総称して、私は「学力」と言いたい。

たとえば、「車の運転」。これは「学問・技術」に分類する人が多いかもしれない。なにしろドライビング・テクニックという言葉があるくらいだから。しかし、カーレースは日常的ではない。通勤、買い物、旅行での運転というのが現実的。渋滞させている右折車に道を譲る。ゆっくり走るために後続車に追い越しをさせる。こうした判断は、相互の理解が前提となる。したがってこれは「人間関係」。

誤解をしてほしくないので、はっきりさせておくが、学びを三つに分類するからといって、優劣をつけようとしているわけではない。日々の暮らしをより豊かなものにしていくためには、学びの分野を意識することが大切だと主張しているのである。

そして、「偏差値」だが、これは一九五七年に東京で生まれた。高校受験に失敗した生徒のことで心を痛めていた中学校の先生が、その子の成績で確実に通る高校を選ぶために考案した評価法である。戦後のベビーブーム世代の子が受験期を迎え、受験地獄が出現するのにつれて、この手法は重宝がられ、偏差値をはじき出す業者テストが繁盛するようになった。

中学校、高校では英数国理社の五教科と体育が重視され、音楽、美術、書道、技術・家庭、生徒会活動などは軽視されるようになる。一九七六年頃には、全国の中学校が「偏差値」を重視。考案した先生の意図は押し潰され、学校と生徒の序列化が進められていった。

偏差値ではかる能力は、記憶力、頭の回転の速さ、がまん強さと言われている。つまり、偏差値は人間関係の習得度や、その子の可能性をはかる尺度として機能しているわけではないのだ。

一方、愛し合い方には、親も親戚縁者も学校の先生も、親友であっても立ち入ることができない。それぞれにプライバシーがあるからだ。プライバシーが尊重されつつ、共同の暮らしが形成されていく。したがって、時には相手の習慣や好みに戸惑うことになる。また、それぞれの人生の過程で築いてきた人間関係に、一喜一憂することも起きる。十年後あるいは二十年後に、思わぬ発見をして驚くことがあるかもしれない。

本当は、ジャガイモが嫌いだったとか、食事中の早食いをずっとがまんしていたとか。そうしたことを全部引き受け、折り合いをつける覚悟を前提として、二人での学びが成立する。破局が訪れたとしても、最終的には「二人の学び」の結果なのである。

そこでは、一般的な学問や技術も、人づきあいの良さも通じない。そうした言い渡しのような教えを誰が行うのか。それもやはり学校教育であろうというのが私の考えである。

「その世界では、当事者となった二人の責任で学び合い、二人が決めていく」

そういう言い渡し。そうした教育は、家庭によっては行われているだろうが、家庭環境が十分ではない子どもたちのことを考えると、やはり公教育の場で行う必要性があると思う。

これが、性教育へ向かう私の「納得できる理論」であり「壁を貫く理論」である。

これで、授業へのぞむことができると思った。教材も大丈夫。気になっていた家庭との確認をとることもできた。あとは実施するのみ。

だが、何となく落ち着かない。理屈の上では、授業の準備が整った。しかし、授業後の子どもたちに、どんな変化が起こるのかが予測できない。まるで崖から飛び降りるような心境になってしまった。大げさかもしれないが、「華岡青洲の麻酔実験」のことが、頭に浮かんだ。実施直前のどうしようもない不安。自分の状況をそこに重ねていた。私は家族に協力を求め模擬授業を行うことにした。

明日が授業という日の、前日の夜だった。

つれあいは夕食の後片付けをしていた。六年生の娘はテレビを見ていた。三年生の息子は二階の部屋にいた。三人に声をかけ、一階の部屋に集まってもらった。その時の私はきっと思いつめた表情だったにちがいない。すぐに集まってくれた。明日の授業の予行をするから協力をしてくれと頼んだ。

「授業をする時はいつもそんな怖い顔で始めるの？」

と、つれあいから注文が出た。そうとう緊張していたのだろう。しかしこれで力が抜けた。「生理と受精卵」の模擬授業が始まった。

「生理」という言葉が女性特有のもののように語られているが、はたしてそうなのか、という投げかけから始めた。そして、幼老男女の誰にでもある生理と、思春期に始まる生理に分けて説明すると、

「ほう！」という声が上がった。

誰にでもある生理の一つとして、「あせ」を例示すると、それまで関心を示していなかった息子が、「なみだ」「よだれ」「あくび」「おしっこ」「うんこ」「おなら」「ふけ」「げっぷ（おくび）」などと笑

いながら例示し、場の雰囲気が楽しくなった。

性交の場面ではペニスとワギナという名称を使った。男性が上になっている絵カードと、女性が上になっている絵カードの二枚を提示した。射精は一度に三億の精子が放出されるそうだが、これほどの数があってこそ受精が可能になると説明した。

模擬授業が終わり、協力してくれた三人に礼を言った。

つれあいは拍手をしてくれた。娘は「よく分かった。これで友だちにバカにされなくてすむ」と言った。学校で何か言われていたのかもしれない。息子は「一回だけの性交で子どもができるとは限らんのやろう」と言いながら、さっさと二階に上がっていった。

私は手ごたえを感じてほっとした。次は、授業本番。気合いが入った。

Ⅳ　先生、元気ですか

旬を楽しむ

四季折々の旬の食材。春になればフキノトウ、ツクシ、ワラビ。そしてツワブキ、タケノコ、タマネギ、ジャガイモ。海にワカメ、カツオ、アサリ貝。格別なそれぞれの味を楽しむことができる。

四十七歳の春を迎えた日、私は四校目となる学校へ異動することになった。転勤先は、福岡県南部の筑後平野に位置する福岡県立の筑後養護学校（現在の筑後特別支援学校）。

辞令をもらったのは、父が亡くなり、葬儀や様々な手続きをすませている最中だったので驚いた。それまで勤めていた聾学校の教室には、手作りの教材や教具がたくさんあったので、急いでそれらの私物を整理し、自家用車に押し込んだ。記念にツツジの苗木をもらった。一息ついて辺りを見回すと、運動場の東の端で咲き誇るコブシの巨木がひときわ眩《まぶ》しかった。

赴任先の養護学校の東には、炭酸泉で知られる船小屋温泉があった。学校の周囲は広々とした麦畑。

数十日すれば、見事な麦秋《ばくしゅう》が演出されることだろう。学校の南側には矢部川が流れ、その上流には、お茶で名高い星野村や黒木町がある。まもなく新茶の季節だ。茶摘みの手伝いで学校を休む子がいるかもしれない。

着任すると、小学部五年生の担任になっていた。学級の児童は五名。翌年に、大々的な授業研究発表会が予定されていることを知った。

新学期の学校行事が続き、通常の授業と給食が始まった。新しい仕事場に移れば、どんな経験者も戸惑うもの。「どうにかできる」と自分に言いきかせる日々が続いた。やがて、登校から下校までの活動のリズムや、子どもたちとの関係に、体がすなおに反応するまでになっていた。

養護学校の義務化で学校が新設された頃からと思われるが、校門を出たところに堀川バスの停留所があった。朝夕は一時間に二本、昼間は一時間に一本。本数は少ないけれど、通勤に使えるし便利だった。もちろん、公共の交通機関に乗る機会が少ない子どもたちにとっても、切符をとってお金を払う勉強ができていた。

朝の通勤で利用したのは、ＪＲ羽犬塚駅発七時四十二分のバスだった。バスは、和泉《いずみ》という交差点で左折して筑後市立病院前で停まり、筑後養護学校前を通って馬間田《ままだ》を経由し、柳川に向かっていた。夕方になると、学校前で待つ乗客はわずか。私が勤務を終え、暮れなずむバス停に立っていると、羽犬塚駅行きのバスがそのまま通過しそうになり、急停車することもあった。

一年間、子どもたちと一緒に過ごしていると、その子の特徴がわかるようになる。たとえば彰《あきら》だが、教室にお客さんがやって来ると、うれしくなって落ち着きをなくす。ときどきそちらを向いてニコニコ。「こんにちは」と挨拶を送る。授業参観のお客さんも笑顔で挨拶。彰はしばらくしてまた挨拶。思い出したようにくり返される挨拶に、お客さんはだんだん困った表情に。でも彰にしてみれば、それが心からのもてなしなのだ。まあ、そう気になさらずにごゆっくり。ここは、私たちの学びの部屋なのですから。

こんなふうに時が過ぎ、六月に一人、九月にも一人の転入があった。六年生に進級する時、一人が転出。私の学級は女子が一人、男子が五人になっていた。

転任して二年目の平成七年度は、授業研究発表会の年。小学部は三つのグループに分かれ、私たち五、六年生のグループは、生活単元学習の授業をすることになった。五年生が十一名、六年生が九名、教員が九人。このメンバーが学年の枠を越え、さらに三つに分かれて活動する。発表の日は十一月一日。単元名は「秋をたのしもう」。

教員間で話し合った授業の基本は、教員たちも楽しむ、ということだった。教員が楽しくなければ、子どもたちも楽しくはない。私たちはさらに話し合って、秋が旬の食材から、ミカンと米とゆでダコを選んだ。

私は、ゆでダコグループに入った。さっそく、子どもたちとタコの味見。生きたタコを買ってきて、五、六年合同での集団学習。一週間に一回出していた学級通信『ぼちぼち』二十四号にそのことを書いた。

流通機構が発達し冷凍設備が改良されて、魚の旬が見失われがちです。十月を旬とする魚はサバ、ハゼ、サンマ、イワシ、スズキ、タコなどです。雑食性の魚は、海藻を食べる時期においしくなると言われています。……（十一月一日の）魚の料理はタコです。ゆでダコを作ります。タコは、ゆでる前にぬめりをとることが大切です。ぬめりは塩もみをしてとります。吸盤のところがとれにくいので、しごくようにしてとります。ゆで上がるとうまいんだなあ、これが！

「秋をたのしもう」の授業はこんなぐあいに進んでいった。

授業参観当日は、他校の先生方など多数のお客さんが来る。授業中、子どもたちがそちらの方に気をとられてしまうことが、おおいに予想できる。なるべくなら授業に集中させたい。子どもたちが、お客さんそっちのけで参加するような楽しい授業にするのだ。そこをどう工夫するか。職員室で一息つくときにも、そんなことを話題にしていた。

その当日が来た。授業のテーマは「パーティーの準備」。ゆでダコ作りのグループは、たくさんのゆでダコを作らなければならない。そして、私はゆでダコグループの世話係り。

前日に、学校近くの魚屋さんに、生きた岩ダコを四匹注文しておいた。玄関横の中庭に、四台のガス台を用意してもらい、大鍋に水を入れて点火。さらに四つのボールと塩。これで、準備完了だ。

予想外だったのは、岩ダコの値段だった。もちろん太くて活きのいい岩ダコ。

「先生、四匹で七千円になります。品薄だったので、すみません」

事務室に届けられていた箱に、魚屋さんからのメモが添えてあった。支払いは私のポケットマネーなので驚いた。しかし、燃えていた。細かい手続きで計画がぽしゃるより、のびのびと楽しみたい。

だから、七千円でも、へのかっぱ。

そんなことより、大切なのは塩もみである。塩もみのでき具合で、ゆでダコの仕上がりが決まる。時間がたつにつれて、子どもたちの塩もみにも力が入った。教員も子どもたちも「ヌルヌル、グニャグニャ！」と大はしゃぎ。みんなで塩もみに没頭。事前学習で試食したゆでダコの味を知っているので、手抜きをする子はいない。

参観者の動きには目もくれず作業に集中。がんばったところで、水洗いしたタコを、足の方から少しずつ熱湯へ。ここは、安全性に配慮して教員の出番。岩色のタコが、あっというまに赤く変身した。

そのとき一人の参観者が、私の後ろから静かに一言。

「タコは、今が旬なのですか？」

えっ、と思ったが、

「そうなんですよ」と、笑顔で一言。

おいしいタコが、まもなく口に入る。ゆでダコグループの子どもたちは、脇目もふらずタコのゆであがりに注目。海の香りが中庭に漂う。ほどよくゆであがったところで、ザルに取り上げて終了。子どもたちが拍手を送った。

それから、ゆであがった熱々のタコを俎板の上に。たちのぼる湯気までがおいしそう。

まずは足から。包丁で一口ずつの大きさに。子どもたちが、待ってましたと紙皿をさし出す。いよいよ待望の味見だ。参観者をしり目に、あつあつのゆでダコの足にガブリ。

ヘッヘッヘ、これこそが旬の味。みんな、喉につまらせないようにね。

十年後はおとな

二度目の養護学校に転勤して、最初に受けもった学級のなかに守《まもる》がいた。守は、柳川方面を運行するスクールバス（養護学校専用の通学バス）でやってくる。始業式の日に、初めて対面したのだが、翌日は学校を休んだ。体調をくずしたようでもなく、学校がきらいなようでもないのだが、何の連絡もなく休んだのである。

「いったん欠席すると、長いのですよ」

と、守を受けもったことのある荒木先生が心配そうに言った。

守の家に電話をすると、母親が出た。

「咳が出よっとです。あと二、三日したら学校に行かせます」

と、元気な声。しかし、守は歓迎遠足の日も欠席し、それっきり休んでしまった。本人の様子からして病弱だとは思えない。前任者との引き継ぎから、母親に問題があるように思えた。

それでも五月の連休明け頃から休まずに来るようになった。連絡帳には鉛筆で「見ました」とだけ書いてあり、余白には何本かの線が引いたりしてあった。大切なことや心配なことについては電話をすると通じた。というか、電話が連絡帳のかわりで確実だった。

その当時、県立の盲、聾、養護学校に通う児童生徒の保護者には、「就学奨励費」という給付金が現金で渡されていた。保護者は事務室で、印鑑をついてそのお金を受け取っていた。年度が変われば、現況の届け出をしなければならない。いくつもの書類への書きこみが必要だった。

その書類をもらう日だったのかもしれない。久しぶりに母親と学校で会った。守はお腹のぐあいが悪いので休ませているとのことだった。スクールバスには特別乗車という慣例があって、保護者も児童生徒といっしょに乗車できるようになっていたが、守が乗車するコース（路線）だけは満員状態で、保護者が座れる席はなかった。

知り合いの人とタクシーで来て、タクシーで帰るのだという。私は、「えっ」と思った。守の家と学校を往復すれば七千円くらいだろうか。半分ずつ出したとしても三千円はかかる。どうして、柳川からの堀川バスを利用しないのだろう。ぜいたくだなと思った。

母親としては、特別乗車の利用を希望しているのだが、毎年のように満席で、特別乗車ができないことを悔やんでいた。

「学校に入学した頃は、親も乗られよったですよ。どげんかならんとですか」

と、守の母親。たしかに私もなんとかならないかと思った。そして、はっとした。

守の母親は数字は読めても、漢字が読めないのではないだろうか。だから、連絡帳よりも頻繁に電話を使う。それで、路線バスに行き先が表示されていても、西鉄や堀川などのバスには乗れない。その結果、言葉ひとつで行ってくれるタクシーを使うのだ。

その後、連絡帳の「見ました」は、守の祖母が書いてくれていることを知った。

守の母親が路線バスに乗れるようになったら、便利だろうなと思った。そして、なんとか実現できないかと考えた。

守の家の近くを西鉄の路線バスが通っている。柳川方面へのバスは、どれも西鉄柳川駅で停車する。帰りは45番のバスに乗れば、家の近くで停まるからそこで降りる。これは、母親にもできるだろうし、きっとだいじょうぶ。問題は、西鉄柳川駅からJR羽犬塚駅行きのバスへの乗車と、学校前での下車だ。幸い堀川バスは馬間田《ままだ》経由の羽犬塚駅行きだけである。西鉄柳川駅で、乗りかえるということを忘れずに行えばできるはずだ。さあ、お母さんに挑戦してもらおう。

授業参観の日に、守の母親に残ってもらい説得調で話しこんだ。

「お母さん、堀川バスば使ってみらんですか。私も朝と帰りに使いよるけど、養護学校前に停まるし、けっこう便利ですよ」

「考えたこともなかし、私にでくっじゃろか」

「お母さんは、柳川へはバスで出られとるとでしょう。とにかく柳川に出て、西鉄柳川駅で降りる。そして、そのあたりにいる人に、堀川バスの乗り場をきく。知らんという人もおるやろうし、気が引けるかもしれんけど、かならず教えてくれる人がいます。お母さんががんばると、守くんの励みにもなりますよ」

「特別乗車は、やっぱできんとですかね」

「特別乗車のほうは、私もできるようにがんばるけん、堀川バスにがんばって乗りましょう」

守の母親は初めにやにやしていたが、真剣な表情にかわっていた。

「よかこつはしてみるもんでしょう。就学奨励費をもらう日にどうです？」

するると、守の母親から決意の言葉が出た。

「何時頃、出かけたらよかですか」

私は、チャンスだと思った。

「守くんをスクールバスに乗せて見送るでしょう。そしたらそのまま西鉄バスを待って、柳川方面行きのバスに乗るとよ。柳川駅発の八時五十分があるから、それに乗ると、養護学校前に九時二〇分頃着きます。もし降りそこねても、次の停留所で降りたらいい。大丈夫、お母さん。がんばって」

そして、就学奨励費の受け取りの日。守の母親が、にこにこしながら教室にやってきた。学校に着くなり、教室への直行だった。

「先生、バスはほんのすぐそこに停まったですよ。乗り場も、すぐわかりました」

路線バスを乗りついで学校にたどり着いた安心感と達成感とで、守の母親の顔は輝いていた。言葉づかいもなめらか。教室を出ていく足取りは軽やかだった。事務室から戻ってきたところで、帰りの打ち合わせをした。

「先生、帰りのバスもそこから出るとですか」

「ええ、道路の向かい側にバスのスタンドがあったでしょう。そこに柳川行きのバスが停まります」

「そげんとがあったですかね」

「あるある、私はいつもそこで降りてます。事務室には説明していますから、十時過ぎには手続きがすむと思います。奨励費を受け取ったら、すぐにバス停に行ってください。十時二十七分の柳川行きが来ます。十一時頃には柳川に着くでしょう。その次のバスは十二時頃ですから、くれぐれも乗りそこねないように。もうひとがんばりですよ」

その日の夕方、守の家に電話をしてみた。学校から電話をする場合、何か問題が起きた時が圧倒的に多い。しかし今日はそうじゃない。今日の電話は、「連帯」の挨拶なのだ。

電話の途中で、守の祖母のトミさんとも話ができた。泡立つビールがうまかった。

ところが、大切な養護学校前のバス停が、その年の十二月二十八日でなくなってしまった。路線そのものが廃止されたのである。深刻な赤字路線だったらしい。

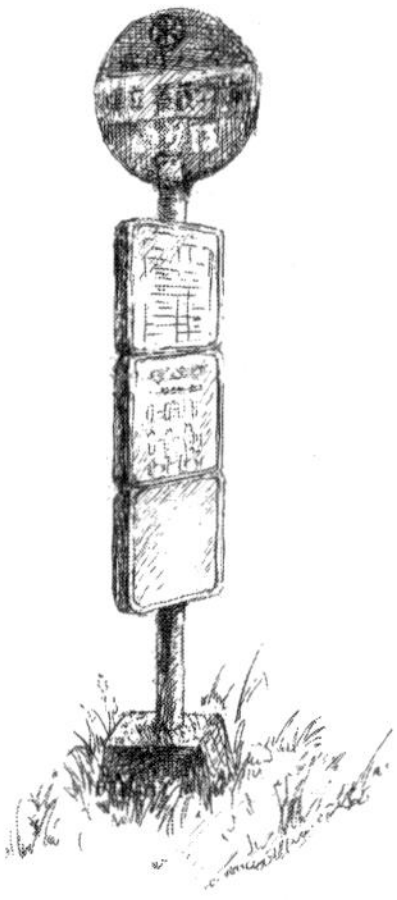
絵　奈須雅彦

驚いたのは、私のような通勤客ばかりではなかった。養護学校の子どもたちにとっても、生活単元学習で、JR羽犬塚方面へ出かけるバスを失ってしまった。なかでも、守の母親の落胆は大きかった。せっかく使えるようになった交通機関が消えてしまったのだから。
「お客さんが、少な過ぎるですもん。このまじゃ、危なかです」
運転手さんの言葉が今も耳に残っている。
年が明けてしばらくの間、通りに出た右側に、バス停の看板だけが北風にあおられながら立っていた。

ただ、新年度の四月からは、スクールバスでの特別乗車が可能になり、守の母親の不便はなんとか解消されたのだった。

守は、お出かけが好きだった。週末の帰りの会で、

「明日、コトブキヤ（当時のスーパーマーケット）に行く」

と張り切っていた。月曜日に
「どんなだった？　何を買ってもらったの？」

ときいたら、

「なんもこうてもらえんやった。まいごになった」

と答え、けろっとしていた。

買い物は得意ではなく、お金を出して品物を受け取ると、おつりはもらわずさっさと家に帰る。おしゃべりは好きだが、文字は自分の名前を書くのがやっと。自分の不利なことにはとぼけ上手で、相手の不利なことに対してはいつまでもしつこい。おとなの会話を覚えていて、数日後につぶやいたりする。人なつっこいが、一つ叩かれると十くらいにして返すので、スクールバスの中ではしばしば問題になっていた。

守が六年生になって、年度初めの家庭訪問をした。母親の横に祖母のトミさんが座られていた。話が一段落したのをみはからって、トミさんからの一言があった。

「これたちのことを考えたら、死んだっちゃ目ばつぶりきりまっせん。先生、よろしくお頼みしま

す」

家族の一員として、娘と孫を見つめ続けてきた人からの言葉だった。トミさんの言葉に私は返す言葉が見つからなかった。おそらく私だけではないだろう。この一言は学校や地域や行政にも向けられているのだ。

今はまだ小学生だが、十年後はおとな。守はどんなおとなになっているのだろう。その時、社会はどうなっているのか。人生の苦労を見続けてきたトミさんにしてみれば、心配でならないのだろう。その言葉には、子どもたちへの愛《いと》おしさが込められていた。

罰を受ける

筑後養護学校は、文字通り地域に開かれた学校だった。

校外学習を終えて教室で一息ついていると、水筒をなくしたという子がいて、ちょっとした騒ぎになった。ひょっとしてと思い、事務室に行って尋ねると、「近所の人から届けられていますよ」の返事。「よかった、よかったね」と、子どもたちは大はしゃぎ。

不審者対策のためには門扉《もんぴ》を閉ざすべきだという声が上がった時、学校の安全は、地域住民の理解と協力があってこそ可能になるという結論を導き出してもいた。

月日が経つのはあっというまだった。学校周辺の風景も、気がつけばかなり変化していた。すぐ近くの市立病院が改築され、周辺の空き地には新築の家々。ＪＲの鹿児島本線に添って、その上を九州新幹線が走るようになり、「筑後船小屋」という駅までできた。「十年くらい前まで、この学校の前を路線バスが通っていてね」という話をすると、ほとんどの職員が、「ええっ、本当ですか？」と言って笑う。私はいつしか浦島太郎。

そして私は小学部四年生の副担任をしていた。学校は始業式と入学式を終え、対面式や寄宿舎への入舎式などをすませ、落ち着いた空気のなかで給食も始まっていた。小学部から中学部、高等部にいたるまで、子どもたちは穏やかな一日を過ごしていた。

そんな折に、三郎という子が転入するという知らせが届いた。いわゆる年度途中の転入である。しかも私の学級に。五月の連休明けのことだった。

学校全体の運動会が十日後に迫っていて、私や担任だけでなく、小学部の職員みんなが少なからず動揺した。

初対面での三郎の印象は、いわゆる小学校にいる普通の子だった。言葉づかいは丁寧で、「課題」らしきものといえば、どことなくおどおどした態度くらいのもの。なぜ養護学校にと思うような子だったが、本当は、とても手ごわい子だった。

三郎は、それまで近隣自治体の児童養護施設にいて、通常の小学校に通っていた。何らかの事情で、知的「障害」児の入所施設である通称「学園」に措置されたために、県立の養護学校に通うことになったのだった。

運動会での学年種目は集団行動で、練習はすでに運動場での仕上げの段階に入っていた。突然加わった三郎の役割や動きの位置をどうするか。関係職員は急ぎ知恵をしぼった。

三郎については、転校による心情の不安に配慮しなければならない。引き継ぎ資料を参考にし、演技の組み立ての一部を変更することになった。そして、三郎の紹介をかねながら、それぞれの役割と新しい動き方について確認した。三郎は、そうした話をよく聞いているし、内容も理解できているふうだった。

私はそんな三郎を見ながら、以前、裕貴《ひろたか》が転入してきた時のことを思い出していた。

七、八年くらい前のこと。裕貴も年度途中の転入だった。九月一日、つまり二学期の始業式の日に、私が担任していた五年生の学級に転入してきた。何の前ぶれもなかったので驚いた。教頭から、学級担任の私に知らせがあったのは始業式の前日。それまで在籍していた小学校の先生との面談もなかった。そして始業式。裕貴は母親に付き添われてやってきた。当該小学校の教員は誰もいなかった。指導要録だけが後日送られてきた。

始業式のあとで、裕貴の保護者と面談し、転校の動機などについて知ることができた。

「国語や算数の力がつくだろうし、本人に合っていると、担任の先生から言われましたので」

養護学校に行けばもっとよくなるという、いいことずくめの説明だったようである。

私は、単刀直入にきり出した。

「期待にそうようにがんばります。しかし、学籍が県立学校に変わりますので、地元の小学校での学童保育や小学校のプール利用は難しくなると思います」

そう言うと、保護者の顔が困惑の表情に変わった。

おそらく、転校についての話し合いの時に、そうしたことについて、担任はふれなかったのだろう。ていねいな相談や連絡の欠如が、こうした状況を生むのだと、私はあらためて歯がゆく思ったのだった。

さて、三郎を加えた学年種目の演技では、大きい旗を使うことになっていた。旗を支える竿は、子どもにとっては長くて重い。ゆっくり振らないと体のバランスを崩す。振り回された竿が近くの子にあたる心配もある。演技する子の立ち位置は、安全が確保される間隔が必要だ。もちろん教員に油断は禁物。

そして、三郎を加えた練習が始まった。演技集団としての動きには、期待通りの流暢さとまとまりが求められる。そんな時だった。三郎の「課題」が現れたのである。

三郎が、旗竿の先が隣の子にあたるような振り方をした。「ごめんなさい」と言ってその場は終わったが、三郎の不注意からでないことは、そばで注視していた私には一目瞭然だった。旗を振る三郎の肘がその瞬間、ピーンと伸びたのである。まさに「未必《みひつ》の故意」。理由は不確かなのだが、故意にやったとみなされても、言いわけができない動き方だった。

似たような行為は、教室の中でも見られた。一列になって歩く時、前を行く友だちの後ろに近づき、その子の靴の踵《かかと》を踏む。そして「ごめん」と言う。机を持って運ぶ時、机の角が当たるとわかっているのに、友だちの横で回転する。当たれば「ごめん」。

みんなで雑巾がけをしている時に、近づく友だちを避けようともせずに歩いて雑巾を踏む。そして「ごめん」。机にはり付けてある名札の保護テープを、時間をかけて剥《は》がしたあとに「ごめんなさい」。まるで、結果の予測と周りの驚きや困惑を計算したかのような動きなのだ。これが三郎の「課題」であり、手ごわさだと思った。

三郎の動きから目が離せない。同じことを何回も言わなければならない。叱る回数が増えていく。周りの先生から、「三郎くんは、そんなに悪い子なんですか」と、よく尋ねられた。「あなたは気づかないだけですよ」という言葉を腹におさめながら、私は三郎を見ていた。スクールバスで登校してきた時から下校のスクールバスにおさまるまでずっと。そんな私を三郎は意識し、何か考えているようでもあった。

そんなふうにして夏休みを迎えた。そして冬休みも過ぎた。周りの先生からは、「三郎くんは落ち着きましたね」と言われるようになった。

ただ、スクールバス添乗員の高瀬さんからは、苦情を聞くことが多くなっていた。スクールバスの中で、他の子をこっそり叩いたり、頭を触ったり、人が嫌がることを行っているようなのだ。

どうしたものか。いろいろ考えた。私が子どもの頃だったら、「バスにはもう乗るな！　往き帰りは歩け」で決着するだろう。つまり、罰の効果。しかし、これは案外難しい。

かつて罰当番というのがあって、掃除をさせられた。結果として子どもが学んだことは、掃除をすることに対する偏見。掃除や後片付けは立派な人がすることじゃないという思い込み。肩書きを持った人に便所掃除をさせるなどもってのほか、という認識にもつながる。清掃活動は人を気持ちよくさせるという学びを、罰を与える側が奪ってしまうのだ。

罰は、基本的に与える側も受けなければならない。つまり子どもに罰を与える教員は、みずからも罰を受けるということ。なにしろ、子どもはおとなの言動を真似て育ち、教員から学んだことを行動で示すという関係にあるのだから。

「歩くしかない」。そう考え、添乗員の高瀬さんに相談した。三郎に反省させ、約束を守らせる。三回だけチャンスを与える。約束を三回破ったら、バスには乗せない。歩いて帰らせる。もちろんその時は、私も一緒に歩くのである。

三郎が暮らす「学園」までは、近道を通って二時間半。スクールバスのルートを歩けば三時間半。学校からはけっこう遠い。しかし、覚悟して歩こう。バスに乗って移動するありがたさを理解させるには、これしかない。そして、その日はすぐにやってきた。三月上旬の頃だった。

担任の先生に事情を説明し、三郎との帰りの会を先にさせてもらって、生徒昇降口から出発した。「約束通り、バスには乗らないで歩いて帰るよ」とだけ告げた。特に注意したりはしなかった。三郎との最初の歩き。高瀬さんには、一回目だから、歩いて一時間くらいの場所あたりで乗せてやって下さいと頼んでおいた。

二人は黙って歩き始めた。雨上がりだったので、道の端にはところどころに水たまりがあった。よけようとした時に、後ろから乗用車が近づいてきた。油断できない。その時、ハッとした。後ろからの車の運転手が携帯電話にかまけて、こちらへの注意を怠っていたら大変なことになる。

足元だけでなく、後ろにも注意を払っておかなければならない。用心用心。その時だった。道の左側から、大きな吠え声とともに犬が二匹、駆け寄って来た。ビックリして一瞬息が止まった。ロープに繋がれていて、私たちに噛みつきはしなかったが、私の心臓はばくばくしていた。

「だいじょうぶ。さあ、もう少し速く歩こうか。ゆっくりしていると日が暮れるから」

私は三郎の後ろから、声をかけた。

「先生、あとどのくらい歩くんですか」、と三郎が訊いた。

「さあ、どのくらいかな。暗くなるかもしれんなあ」と私はぶっきらぼうに答えた。

そして、沈黙。黙々と歩き続けた。歩き始めて一時間。やっと見通しのいい交差点に着いた。そこが高瀬さんに頼んでおいた場所だった。

「三郎くん、ここで少し休憩だ」と言って一息ついた。

周囲は、広々とした麦畑である。そういえば麦踏みの時期だ。踏まれた麦は強く育つという。麦踏みはもうすんだのだろうか。そんなことを考えていたら、遠くにスクールバスが見えた。

「三郎くん、ほらスクールバスだ。どうする、バスに乗せてもらう?」

三郎は、半信半疑の表情だった。

「乗せてもらえるんですか? バスに乗りたいけどなあ」

「それじゃあ、バスに手を振ってごらん。バスが停まったら乗せてもらえるかもしれん。だけど、ここはバス停ではないから、通過してしまうかもしれんよ」と私。

三郎は、バスに向かって大きく手を振った。バスはスピードを落とし、私たちの前で停まった。ドアが開き、高瀬さんが笑顔で言った。

「あら、三郎くん。乗りますか?」

三郎は懇願するように言った。

「乗ります。乗せてください!」

私は、「ありがとうございます。お願いします」とお礼だけを言って、バスを見送った。

困ったのは、その後だった。学校へ戻るのだが、私一人、来た時の道を歩かなければならない。そのあたりの段取りを、考えておくべきだった。担任の先生か誰かに、迎えを頼んでおけばよかったと後悔したが、時すでに遅しである。しかたなく、てくてくと学校に向かった。

すると、向こうから来る乗用車が私の横で停まった。以前、同じ学校で一緒に仕事をしていた鶴岡先生だった。しめたと思った。

「久しぶりです、農中先生。運動ですか。相変わらず元気ですね。今、出張の帰りです。そのうち一緒に飲みましょう!」

いっきにそう言うと、鶴岡先生は車の窓を閉め、満面の笑みを残して走り去った。

せっかく停まってくれたのに……。私は、遠ざかる鶴岡先生の車を見送った。そして、早春の麦畑を渡る風を正面に受けながら、学校をめざして歩き始めた。

一週間ほどして、高瀬さんに、バスの中での三郎の様子を尋ねた。行儀がよくなったとのことだった。とりくみの成果があったのだろう。

私は、そのままスクールバスに乗り込んでみた。バスの中は、あいかわらずにぎやかだ。すると、三郎と同じ「学園」にいる同級生の子が、私に声をかけた。

「ねえ、農中先生。今度、いつ歩くと？　ぼくも一緒に歩いて帰りたいけどなあ」

不意打ちの言葉だった。私は眩暈《めまい》をおぼえ、返す言葉につまった。その子の肩に手を当てて言った。

「ほら、また明日だよ。がんばろうね」

私は、そう言うのがせいいっぱいで、そのままバスから降りたのだった。

ぼくの名前も変わりました

三郎はスクールバスでの行儀が悪く、罰として、私と一緒に一時間ほど歩いた。

その体験が効いたからかどうか、しばらくして、三郎はすっかり落ち着いた。そればかりか、学習の面でも変化が見られた。自分が疑問を抱いたことを、すなおに尋ねてくるようになった。友だちに優しく接するようにもなった。国語の勉強では、絵本の文章を最後まで根気よく音読するようになり、算数の宿題もきちんとしてくるようになった。三郎は、もともとそうした力を持っていたのだ。

あらためて、三郎の小学校からの転校のいきさつに疑問が湧いた。担任の佐田先生は、「さあ、そのあたりの事情までは……」と言葉を濁らせた。私は副担任で、それ以上を把握できる立場にはなかった。担任の先生を飛び越えて家庭訪問するのは、よほどの理由がある場合に限られる。転校のくわしい理由については、疑問のままとなった。

とはいえ三郎が、私からの小言や注意を受けない日はなかった。私も、今日こそは叱らずに見守ろうと、朝のうちは自分に言いきかせているのだが、なかなか実行できないでいた。それでいながら、三郎はときどき私に抱きついてくる。そして、「農中ちゃん、好きよ」などと言う。

ある日の帰りの会で、日頃から友だちとぶつかることの多い達也が、佐田先生から注意された。それに対し、達也は「一人になったっちゃ、俺はよかもん」と言った。すると、三郎が「一人では生きていけんよね、先生」と反論した。そして、

「一人で生きていった人がおるとですか?」と私に訊いた。

私は、ロビンソン・クルーソーの話を例に出した。

「昔、本で読んだ。本当の話ではないが、小さな島で何年も一人で生きていた。だけど、今の世の中、一人で生きていくことは絶対にできない。ぼくはそう思うよ。だいいち寂しかろうが。達也くんもそう思うとるんやない?」

達也は何も言わず、ニヤニヤしていた。

それから数日後、三郎が、ロビンソンの物語を読みたいと言ってきた。週に一度、図書室で読書をする時間があったので、『ロビンソン漂流記』を私と交替しながら読破しようということになった。予想以上にまじめに読み続けた。いつのまにか、厚い本の半分まで読んでいた。

そんな頃だった。帰りの会で、佐田先生が同級生のサラについて話をした。

「みんなにお知らせです。栗田サラさんは、おうちの都合で名前が変わりました。平林になりました。平林サラ。これからヒラバヤシサラさん。明日から、よろしくね」

どんな事情があったのか、そこは伏せられていたが、その話に、サラは照れくさそうにしていた。

でも、その表情は嬉しそうでもあった。

すると、三郎が立ち上がって言った。

「ぼくも、名前が変わりました」

突然のことで、私は驚いた。佐田先生はびっくりして立ち上がった。

「それ本当？　まだ私は、何も聞いてないけど。名前は？　いつ？　どう変わったの？」

うろたえている佐田先生に向かって、三郎がすまして言った。

「ノウナカ三郎に変わりました」

私はさらに驚いた。佐田先生は、「なあんだ」という表情に変わり、椅子に座った。そして、「農中先生からは、何も聞いてないけど」と言って、私に座を譲った。

驚いていた私は、三郎の悪戯《いたずら》だとわかり安心したが、ここは慎重に返さなければならないと思った。

一呼吸置いて、めまぐるしく考えた。そして、言った。

「三郎くん。それはまずいと思う。止めた方がいいよ」

しかし、三郎は本気だった。すくなくとも、そう思わせる言い方だった。

「どうしてですか」とたたみかけてきた。

こちらも、本気で説得する必要があると思った。そこで、こんなふうに言った。

「よく考えてごらん。三郎くんが学校に来てスクールバスで帰るまで、農中先生は毎日、毎日叱っているよね。本当は叱りたくないのに、農中先生は、なぜか朝から夕方まで叱っている。もしも、三郎くんと一緒に暮らすことになれば、農中先生は朝起きてから、夜寝るまで、ずっと叱ることになる。安心して眠ることもできなくなる。すると、どうなると思う？　農中先生は、きっと死ぬよ。三郎くんは、それでもいい？」

まじめに聞いていた三郎は、すかさず言った。

「それは、いやだ。農中先生は、死んだらでけん」

「だろう。だったら、このまま。これからも、一緒にがんばればいいじゃない」

そんな会話だった。三郎はちょっぴり悲しそうにしていたが、すぐに気を取りなおし、自分に言いきかせるように言った。

「そうですね。一緒にがんばりましょうか」

私は、三郎の正直な気持ちに圧倒されていた。本当のところ、三郎にわかってもらえるかどうか自信はなかった。むしろ三郎の方が、私を困らせまいと、引いてくれたのではないかと思っている。

演技の練習には怖さも潜む

映画『風と共に去りぬ』の主演女優ヴィヴィアン・リーは、同じアメリカ映画の『欲望という名の電車』（原作・脚本テネシー・ウィリアムズ）で、主人公のブランチ・デュボア役を演じていた。

物語のなかのブランチ・デュボアは、家族の没落で屋敷を失い、ニューオリンズに住む妹のステラの家に身を寄せる。しかし、暮らしや人間関係の激変になじめず、その苦悩がブランチを襲う。ブランチは、理想と現実とのはざまで精神が錯乱し、医師と看護師に強制的に保護され、病院に連れられていく。

そうしたブランチの役作りに、ヴィヴィアン・リーは体当たりでとりくんだ。すると、くり返しの役作りのなかで、自分自身が同様の精神状態に陥ってしまった。知らず知らずのうちに、ブランチそのものの人間性に染まっていたのである。登場人物との一体化をめざす役作り。そこに潜む宿命。役作りには、そういう怖さが潜んでいた。

私にも心あたりがある。学生時代に「演研《えんけん》」という演劇サークルで活動していたから、それなりに理解できる。そうした怖さが、しばしば自分のこととしてよみがえる。役者には実感作りという課題があって、舞台での動きやセリフの必然性を習得しなければならない。演出家の求めに応じて、役者としての自分が、登場人物になりきっていくということなのだが、その過程で、自分の人格までもが変わっていきそうになる。

それこそが役作りの魅力といえば魅力なのかもしれないが、自分が自分でなくなっていくことの怖さがある。

怖さといえば、教員は権力をもった演出者であるということ。

教室でのグループ分けとそのメンバー決め。集団で移動させる時の順番決め。雑巾がけの方法。机や椅子の運ばせ方。喧嘩が起きた場合の幕の引き方。体育祭や学習発表会に向けた演目決め。手洗いのやり直しや挨拶のやり直し等々。最後は、教員の一声で決まる。教員は子どもたちの前で権力者なのだ。大きな声で恫喝《どうかつ》しても咎《とが》められることはない。

そうした教員の一人として私がいる。人格的に不完全であっても、私はそうした権力者の一人。そのことをいつも意識しておくべきだと自戒していた。

歳月が過ぎ、私は養護学校小学部の四、五、六年生合同のグループで活動していた。

運動会の練習日程と運動場使用割のプリントが配られた。それまでは表現（ダンス）が多かったので、今回は競技をさせてみようということになった。

「障害」が重複している子どもたちの「重複学級」と「一般学級」の子どもたち四十二名が、タスキを持って六つの集団に分かれる。そして、配置されたそれぞれの課題（障害物）を通過し、タスキをつなぎながらゴールをめざすのである。練習中はなるべく叱らず、楽しいものとなるように心がけようということも確認された。

広い運動場をいきなり二周しても平気な子がいる一方、二十メートルの移動がせいいっぱいの子がいる。走る距離は大胆に変えて設定することにした。途中に、ハードルや輪っか、ロープ、自転車、歩行器、ダンボール箱、カラーコーンなどを配置した。ダンボール箱への対応については、「積まれたものを倒す」ということになった。入退場の動き方を含め、実際の練習が始まった。私の役は、ダンボール箱の場所で指示をすること。

三段に積まれた箱を手で押し倒すことが簡単でない子がいる。車イスごとぶつかるのだが、ゆっくり当たるので、三段の箱が倒れずにそのまま動いたりする。それでもなんとか倒れると、顔を輝かせながら通過して行く。その姿はまるで開拓者である。

そこを通過するのは、六人ずつの三つの集団。結果的に時間差ができるので、三段ものが三つあれば十分だということになった。倒され散乱した箱は、待機している高等部の用具係りの生徒に積み直してもらうということも確認された。

そして箱作り。同じ大きさの九個のダンボール箱を調達してきて、まず、表面に下紙を貼る。子どもたちに塗らせるポスターカラーは、初夏を連想させる色。色塗り作業は生活単元学習の授業中に、子どもたちと一緒に行う。塗る面積が予想以上に広いので、子どもたちが下校した後も私たち教員が仕事のあいまを見つけて塗る。仕上がっていくにつれ、子どもたちは休み時間にも自分たちから塗るようになった。作業は順調に進み、いよいよ運動場での練習だ。

ところが、本番通りの練習をしてみると、予想外の光景が展開した。

一つは、いわゆる「一般学級」の、走ることが好きで元気いっぱいの達也が、箱を叩き落とそうと手を振り上げた瞬間の目の異様さだった。

うまく表現できないが、暴力的で険しく敵意むき出しの破壊を喜ぶような眼差し。その表情からは、子どもとは思えないある種の怖さが伝わってきた。ダンボール箱はあっというまに弾き飛ばされていた。通過しながら振り返った達也の一瞬のニヤリは、私の脳裏に焼きついた。この表情をくり返し見ることになるのだと思うと、気が重くなった。

もう一つは、達也の次に走り寄ってきた光彦の動作だった。光彦は、箱の前で足踏みを始めたのである。私は、「何やってんの?」と思いつつ、「ボーン」と声をかけながら、手で叩くしぐさをして見せた。すると光彦は、「ボーン」と口で言いながら叩くしぐさだけをして、そのままうれしそうに通過したのである。その姿を、私はあっけにとられながら見送った。大切なことを突きつけられたと思った。

二回目の練習の時、私の判断で、箱を倒して進む子と、地面に置かれた箱を積んで進む子とに分けた。元気ものたちがバタバタと積み上げ、ニッと笑って走り去った。

やはり破壊を喜ぶような活動を、くり返しくり返し行わせることは教育的ではない。また、穏やかで建設的な心を持った子に、破壊的な活動をさせる理由もない。この場のイメージは、「開拓」と「建設」の方がふさわしい。

グループ会議では「箱を倒す」と決定されていたが、自分で走れる子には「積み上げ」をさせようと思った。さっそく演技主任にそうした内容のメモを渡し、一部変更をしてもらうことにした。

しかし、演技主任にも教員集団にも時間的な余裕がなかったのだろう。演技主任からの提案は、いつまで待ってもされなかった。結局、学部全体での確認はなされないままリハーサルの日を迎えた。こうした場合の判断は難しい。しかも、学校現場ではそれほど珍しいことではない。変更したことがわかれば、同僚からは「何で?」といった疑問が出されるだろう。「勝手に相談もなく」という非難の声が上がるかもしれない。さらに個人的な感情がからめば、ややこしくなる。

だが、子どもたちの先々のことを考えるならば譲れない。尻込みは後悔につながる。集団の中での沈黙と委縮は何も生み出さない。言いたいことを我慢し、自分の中に封じ込めてしまえば、自責の念だけが残る。

行うなら、より教育的な演技の方がいい。私の改善策に批判や非難の声が上がったら、学部会で丁寧に説明すればいいのだ。事情を話せば解ってもらえる。教員集団が高まっていくとは、そういうことなのだから。

さて、いよいよ私たちの演技が始まった。私は逡巡を断ち切り、半分以上の子に「積み上げ」をさせることにした。

リハーサルが終わったその日、スクールバスが出た後で反省会が持たれた。私の予感は当たらなかった。問題となるようなことは何も出なかったのである。それぞれが忙しく、私の逡巡にかまう余裕などなかったのかもしれない。気をつかっていたので、とりあえずほっとした。だが、消化不良のような疲れも感じていた。

しかし、こうしたことは教員の仕事にはつきもので、多くの人が働く現場にはそんなところがある。もちろん、私の逡巡に意味がなかったわけではない。さらに、この時の演技の変更は正しい判断だったと思っている。

教員は、みずからの気づきに自信を持つべきだと思う。

気づいたら、なるべく早く周りの人たちに自分の考えを投げかける。そして相談と話し合い。遠慮する必要はない。教員は年齢や経験、役職等に関係なく、子どもたちの将来に責任をもっているのだから。

おかあさん！

私が筑後養護学校に転勤したのは平成六年。夏休み明けにエレベーターが県内で最初に設置され、新聞で報じられた。それまでの現場の教員と保護者による運動の成果だった。

　車イスや給食の食缶をのせた台車が、一階と二階、三階の間を自由に移動できるようになった。さっそく学級のみんなでエレベーターに乗った。まるでデパートにいる感じ。守が、公彦《きみひこ》が、信也が、次郎が、隆夫が、博子までもが拍手して大喜び。

　秋には、全国高等学校総合文化祭（通称、高文連文化祭）の器楽・管弦楽部門の福岡県代表として、筑後養護学校の高等部が選ばれたという知らせが届いた。通常の高等学校の発表の場だと思われていた大会に、「障害」児学校の高等部の生徒が出場することになったのだ。主任の村井先生からの報告に職員室がわいた。

　またたくまに小学部の子どもたちまでもが、「ゼンコクタイカイ」のシュプレヒコール。ふだん自分の感情をあまり表に出さない隆夫までもが、私の手を引いて廊下に連れ出し、掲示板の貼り紙を指さすほどだった。

　隆夫はおだやかな性格の子だったが、体の動きは硬かった。柔軟体操をする時に教員が手を添えると、さらに体を硬くしてしまう。耳は聞こえるのだが、声を出せても「ああ」と言うくらい。言葉が出ない。しかし、みんなの動きをよく見ていて上手についていく。友だちを呼びにいくことができるので教員としては頼りになる。叱られることは少ないが、誰かに注意されるとしょぼんと下を向き、立ち直るのに時間がかかった。

隆夫は知的「障害」児施設の入所生だった。故郷は福岡県遠賀郡の山添いの町。遠賀郡は遠賀川の下流左岸に広がって、石炭産業で栄えた筑豊炭田の北部に位置する。バス道路沿いに空き家が目立つけれども、そこは旧産炭地としてのなごりをとどめていた。

それにしても、遠賀郡から筑後まではかなり遠い。車を使い高速道路を通っても一時間半はかかる。JRの列車では二時間。それほど離れた筑後の地にある施設に、隆夫はどういう事情で入所することになったのだろうか。私は疑問を抱いたまま、学級の児童名簿に目を通したのだった。

隆夫の実家に最初に家庭訪問をしたのは、受け持って一ヶ月ほど経ってからのことだった。隆夫が入所している施設に行って、担当の主任指導員や施設長と面談し、私が隆夫の実家に行くことを承諾してもらった。

入所の際に作成された調書を借りて開いてみると、家の住所は記されていたが、周辺見取図は記入されていない。施設から家までが遠すぎるからだろうか、施設職員の家庭訪問は行われていなかったと思われる。私の家庭訪問がすんだら、あらためて私が略図を描いて渡そうと思った。

私は、筑豊に住んでいた経験を頼りに、入所時に記載された隆夫の実家をめざした。私の車に現在のようなカーナビなどはなかった。家を出て二時間ほど走り、少し休憩してから、あっち行きこっち行きした。同じ道を何回も通った。通りにいくつかのバス停があって、それらしき地名のバス停を見つけた。この辺りだと思った。廃業したタバコ屋があった。看板だけのスーパーマーケットがあった。壁のペンキが剥がれたままの床屋があった。そして、目当ての場所にたどり着くことができた。

バス通りから山手に入り込んだ所にかつての炭鉱住宅が建ち並んでいた。しかも、そのほとんどが空き家。こんな所に、これほどたくさんの炭鉱住宅がと驚きながら隆夫の実家を探した。静けさが際立ち、自分の足音が耳に響くほどだった。まさに旧産炭地。

人の気配がする家があった。板塀の向こうで、誰かが洗濯物を取り込んでいた。外から声をかけると、急に犬の吠え声がした。思わず後ずさりした。瘦せた老犬だった。板塀の向こうにいたのは男性で、用件を伝えると丁寧に教えてもらえた。改良住宅が近くに建てられ、ほとんどの家族がそちらに引っ越したのだという。

車を再び動かし、教えてもらった方へ行った。四階建のベージュ色のアパートが見えた。四棟が並んで建っていた。車を停めて、それぞれの棟の一階郵便受けの名札を、かたっぱしから確かめた。そして、隆夫の実家をやっと見つけた。応対してくれたのは隆夫の祖母とおぼしき女性だった。

こちらの都合で訪問したので、事情を理解してもらうまでに少し時間がかかった。母親は外出中だった。部屋に上げてもらってお茶をいただくと、なんとなく懐かしい気分になった。そこに、家庭の暖かみを感じたからであろうか。

祖母の話を聞いた。

「隆夫には、つらい思いをさせています。夏休みに入ると、かならず筑後に迎えに行きます。隆夫は発作止めの薬を四十日分もらって帰るのですが、ふくらんでいた袋がしぼんでいくと、悲しげな顔になるのです。施設に戻る日が近くなったということが、隆夫にはわかるのです。それがつらくてですね。いつかきっと一緒に暮らせるからねと励ますのですが、すなおにうなずく隆夫を見てると、涙がとまりません」

おそらく、家族全員の心を代弁した言葉であろう。母親に会うことはできなかったが、祖母の話しで、隆夫に対する心情が理解できた。こうした心情を共有しながら暮らしている家族の真実は、この家まで来たからこそ、知ることができたのだ。

隆夫は、家庭のぬきさしならない事情から、学齢期に達した時、知的「障害」児を受け入れる施設に入所しなければならなかった。しかし、周辺に入所できる施設が見つからない。なんとかなったのが筑後にある現在の施設だった、というわけである。時間をかけ、試行錯誤をしながらやっとたどり着いた家庭訪問の成果に、私はひとまず安堵していた。

家庭訪問をしてから、私は隆夫のことをさらに身近に感じるようになった。隆夫を見る目も変わったのではなかろうか。

隆夫は、音楽を聴くのが好きだった。授業の合間には、教室に置いてあるラジカセのそばで、カセットテープをくり返し聴いていた。生演奏を聴くときには、一曲が終わると、絶妙なタイミングで拍手を送る。曲の終わりをどのあたりで感じるのだろうか。

私はリズム感に欠け音感に疎《うと》いから、隆夫の感じ方がわからない。とにかく曲の終わりをピタッと感じ取って拍手をする。これにはいつも驚かされていた。

平成七年は「高文連文化祭」の発表の年で、主任の村井先生が忙しくなるだろうと思っていたら、春の人事で村井先生は近隣の高校へ異動となった。かわりにその高校から川越先生が赴任し、指揮をとることになった。大切な全国大会の直前だというのに、とんでもない人事だと思った。しかし、しばらくしてわかったのだが、この人事は二人の先生の希望の結果だったのだ。

六月の午後の授業時間に、体育館からシベリウスの『フィンランディア』の曲が聴こえてくるようになった。『フィンランディア』が全国大会出場のテーマ曲だった。私は「日常生活の指導」の時間を使って、演奏の練習風景を見学させることにした。帰り支度をすませてから、隆夫を先頭に学級の六人を連れて体育館に行った。指揮者の川越先生には、事前に連絡し許可をもらっていた。

体育館のステージには高等部の生徒と高等部の先生全員が配置につき、川越先生の指揮が始まろうとしていた。

「行儀よくして、静かに聴きましょう」

私たちは体操座りをして見学の姿勢をとった。何度かの部分練習があって、通しの演奏が始まった。生演奏だから迫力がある。六人の子どもたちは身じろぎもせずに聴き入った。やがて、感動のなかでの終了。すると、隆夫がすかさず拍手。それを合図にみんなが大きな拍手。そして、川越先生が笑顔で軽く一礼。練習のまとめを隆夫が仕切ったのだ。この時も、私は隆夫の勘にあらためて驚いたのだった。

それにしても、異動してきてまだ三カ月。川越先生が養護学校の生徒と向き合うのは初めてなのに、よくもまとめているものだと感心していた。というか、むしろ不思議に思っていた。なにしろ、ステージに上がると落ち着きをなくす生徒がいる。演奏中に声を出す生徒がいる。左右に体を動かす生徒もいる。耳を押さえて楽器を握ろうとしない生徒も。

川越先生と気安く話せるようになったある日、私は思いきって尋ねた。

「ステージで落ち着かない生徒がいるでしょう。指揮をしていて心配になりませんか」

すると、川越先生は笑顔で答えた。

「ステージの上だったら、生徒がどんな動きをしようと、ぼくはまったく平気。仮に、ステージから客席の方に下りた場合にも、きっと誰かがどうにかしてくれる。だから、楽しく指揮棒が振れるのよ」

私は返す言葉がなかった。

さて、音楽好きの隆夫だが、六年生の三学期を迎えた頃のこと。教室の壁に掛け替えていたカレンダーを指さして、「おかあさん！」と言った。

ふだん言葉を発しない隆夫が、力強く「おかあさん！」と叫ぶように言ったのだ。私は耳を疑った。

「隆ちゃん、『おかあさん』て言ったよね」

すると、またもカレンダーを指で押さえるようにして、「おかあさん！」と言った。

そのやりとりを近くで見ていたのだろうか、同じ学級の公彦が笑いながら言った。

「なんば言よっとね。それは青い空と青い海やんね。それと青い屋根ばい。お母さんはどこにもおらんよ」

その言葉で隆夫はしょぼんとなり、指をくわえ下を向いてしまった。

私は、隆夫に何と言えばいいのか、すぐには思い浮かばなかった。というより、隆夫が「おかあさ

Ⅳ　おかあさん！

ん！」と、はっきり言葉を発したことへの動揺をしずめきれないでいた。私は、隆夫の両肩に手を当て、「卒業式には、お母さんが来るからね」と声をかけた。

青一色のカレンダーを指して「おかあさん！」。いったいどういうことなのだろう。隆夫は、カレンダーのどこにお母さんを見ていたのだろうか。何とかして隆夫の心の内に入りたいと思った。ふだんは言葉を発しない隆夫だが、「おかあさん！」という言葉だけは、いつも隆夫のそばにあったのだ。

お母さんが住んでいるあのアパートへ、もう一度行ってみるのが一番だと思った。私は迷わず、日曜日に北九州方面へ車を走らせた。九州自動車道を鳥栖《とす》で降り、冷水《ひやみず》トンネルをぬけて筑豊本線としばらく並進し、遠賀川の左岸の道をひたすら芦屋方面に向かう。あの時のバス停が見えてきたら、そこから山手の道に入る。すると隆夫の実家だ。

着いて見て、驚いた。ベージュ色だった壁が青一色に塗り替えられていた。これだったのだ。だから、隆夫は言った。

「青い色の建物に、ぼくのおかあさんがいるんだよ」と。

無駄かもしれないという思いがあったけれど、それでも私は確かめるために家を出た。そして、隆夫の言葉の謎を解くことができた。やはり、現地に立つ意義は大きい。

しかし、隆夫の言動の謎はこれが終わりではなかった。

それから六年後、高等部を卒業したあとに謎めいた問題がまた起きた。もはや学校とは無関係という考えも成立する。しかし、私は進路担当の永山先生と連絡をとりあった。それが私のやり方なのだから。なにしろ私の趣味は「仕事と魚釣り」。出かけることは、さほど苦にならない。

高等部卒業の前に、隆夫の進路は決まっていた。遠賀郡の実家からそれほど遠くない施設への通所だった。隆夫の家族も私も、進路担当の永山先生や担任だった先生たちみんなが安心したのだった。卒業式の日、隆夫は後輩たちや先生たちがつくるアーチをくぐりぬけ、お母さんと一緒に学校を去って行った。

ところが、五月の連休に入る頃のこと。永山先生から呼びとめられた。

「隆夫が、まだ一日も通所しとらん。施設の方でも、理由がわからず困っとるらしい」

「気になっとったけど、一日も行っとらんとは。何でやろうか」

「具合が悪いわけではないらしい。誰が誘っても家にこもったままげな。このままでは隆夫の通所が見直されることにもなりかねん」

「行ってみようかな、隆夫の家に。やっと決まった進路やけんね」

「農中先生、世話かけるばってん、そげんしてもらえんやか」

そんな会話だった。今回も事前の連絡をせずに隆夫の家に行くことにした。近くに来たから寄ってみた。そう言って、隆夫に会ってみることにした。

早いほうがいい。日曜日の朝、私は国道二〇〇号線を走りながら、隆夫の心の内を考えていた。隆夫はかたくなに家にこもっている。通所する予定の施設がどういう所なのか、それすら隆夫は知らない。そこが気に入らないから、というわけではない。

だとすれば、問題は隆夫の内にあるのだ。「隆夫の心の内」、「隆夫の心の内」と呟きながら、私は冷水トンネルを抜け、遠賀川左岸の土手道を走り続けた。

青い壁のアパートが見えた。車は前回と同様に停めやすかった。隆夫の家の玄関に立って、チャイムを鳴らすと戸が開いた。お母さんだった。すぐに中に入れてもらった。隆夫が笑って下を向いた。私が来たことの意味を察知したのだと思った。

「元気みたいで、よかった。農中先生も元気ばい。近くに来たので寄ってみた」

「遠くから、わざわざすみません」とお母さん。

何の話からしようかと考え、私は部屋の隅に置いてあるラジカセを指さした。

「隆ちゃんは、ラジカセが好きやったもんね」

すると、お母さんが笑いながら言った。

「毎日、聴いています。というか、これがあるから助かっているんです」

その時、ひらめいた。そして言った。

「無理して出かけんでもいいから、施設の担当者の方に来てもらって、この部屋で隆ちゃんと一緒にラジカセを聴いてもらったりしたらどうでしょう」

「そうですよね。施設の方がそうしてくださったら隆夫もなじんでくれて、外に出かけるきっかけをつかめるかもしれんですね」

お母さんの表情が明るくなった。隆夫は下を向き、ときどきこちらを見ながらなんとなく恥ずかしそうにしていた。来てよかったと思った。私は、長居をせずに帰ることにした。

「隆ちゃん、また来るから。元気にしとってよ」

そう言って玄関の外に出ると、隆夫が、「また来て」と言わんばかりに私の腕を掴んだ。強い力だった。私はもう一方の手で、隆夫の手を軽くたたいた。

「また来るからね」と言うと、隆夫は、「ああ」と言って、掴んだ手の力をゆるめた。

車に乗って車道に出ると、路線バスとすれちがった。その時、かつて筑後養護学校前を走っていた路線バスが廃止されたことを思い出した。車を停め、乗客数を確かめようとしたが、はっきり見えたのは二人だけだった。

翌日、職員朝礼の前に永山先生と話をした。家庭訪問の報告みたいなものだった。私の見立てを言った。

「トラウマだと思います。十二年間も家族と離れて施設にいたわけでしょう。せっかく家で暮らせるようになって、震えるほどの喜びと安心を感じた。ところが、またしても家に迎えの人が来た。その人について外に出たら、また家に帰れなくなる。誰がこの幸せを手放すものか。そんな心情でいるのではないでしょうか」

永山先生は、遠くを見るようなまなざしで私の話を聞いていた。やがて、うーんと唸り、

「そうでしたか、なるほどね」と言った。そして、

「当面、施設からの訪問という形をとることを提案してみます。だんだん慣れてきたら、その人に迎えに来てもらえばいいわけですからね。遠い所まで、お疲れ様でした」

課題解決の道が見えてきた。これできっとうまくいく。

種を粉にひくな

二〇〇二年の夏、私はケーテ・コルヴィッツの『種を粉にひくな』という版画絵をもとに、養護学校小学部の全員を対象にして授業を行った。

内容は後述するが、授業がほぼ終了した時、子どもたちは静かに座り私をじっと見ていた。何か言いたげでありながら、黙ったまま私を見ていた。私も何か言おうとしたが、ふさわしい言葉が見つからない。私は、これ以上感想を求めたり解説をしたりする必要はないと思った。

「今日は長かったけど、みんなよく勉強してくれたね。お疲れさま！　あとは、教室で受け持ちの先生の話を聞いてください。廊下の写真や絵も見ておいてね」

これで解散、のはずだった。ところがここで進行係の先生から意外な一言が。

「いいですか。平和を大事にしましょうね。喧嘩は戦争につながるから、してはいけませんよ。では解散」

私は、「ああ、またしても」と思った。別の学校にいた時も、同じ言葉をよく耳にしていたからである。本当にそうなのか。なぜ、子どもの喧嘩が戦争につながるのだろう。むしろ、子どもの頃にこそ、幾度かの喧嘩を経験していた方がいいのではないか。

たとえ喧嘩になっても、言いたいことを相手に言う。結果を恐れずに向き合う。傷ついたとしても自分で幕を引く。そうした経験と学習の積み重ねこそが好ましい人格の形成の基礎となる。理不尽と思うような営みをくぐり抜けることによって、困難に立ち向かう力が身につく。主体的住民に成長していくこともできる。

人と人との殺し合いを未然に防ぐ力を培うためにも、子どもの頃に、いくらかの喧嘩の経験をしていた方がいい。おとなの私たちは、ちょっとだけ幕の引き方を教えればいいのだから。最近の不幸で解釈困難な事件が報じられるたびに、私はそう思う。

「不仲になるかもしれないが、正しいと思うことは、きちんと主張しなさい。喧嘩になって傷つくよりも、沈黙してその場を取り繕い、取り返しのつかない結果を生むことの方が後悔につながるよ」

私はこれからも、そんなふうに言い続けると思う。

さて、授業の題材・『種を粉にひくな』という版画絵について。

最初に、この作品を目にしたのは、『かがやき』という冊子の三・四年生版だった。それは、一九九六年（平成八年）に福岡県教育委員会が小学校中学年用として発行した同和教育の副読本。そこに「子どもたちをまもる母」という単元があり、ドイツの版画家・彫刻家ケーテ・コルヴィッツの絵が、『たねを こなに してはならない』という題で紹介されていた。

冊子が配布された翌年くらいだったと思うが、作品を見て、釘付けになった。魅力を感じ、すぐにでも授業ができそうな気がした。ところが、指導の手引きを読めば読むほど迷路にはまっていく。「母親の思い」「生命の大切さ」「抵抗の気迫」といった情緒的な解説はあるけれど、授業の骨となる情報が見つからないのだ。

ケーテ・コルヴィッツ「種を粉にひくな」(1941/42)

たとえば作者の家族のこと、創作を始めた時期、他の作品の数々、当時の国家体制との関係、日本を含む世界との繋がり、現在のドイツ国内での評価。そういった情報がまったくない。ドイツ語での原題もわからない。強烈な印象の作品を前にしながら、私は作品からはじき飛ばされていた。

作品からは、たしかに底深い何かが迫ってくる。その正体を見抜きたいのだが、何度見てもそこまで。先に授業をした人がいればと尋ね探したが、それすらもかなわず謎は深まるばかり。力の限界だと諦めるしかなかった。無念の思いを抱きつつ、この作品での授業は、いったん頓挫することになった。

ところが二年後に希望が蘇った。ベルリンで数日間を過ごした時のことだった。

二〇〇〇年の八月下旬、私は運良く、恩師の小林文人先生や佐賀大学の上野景三先生たちと、ベルリン経由でフランスに行くことになった。第一の目的は、フランス南部のエコ・ミュゼ(地域博物館)をレンタカーで見て回ること。フランスでは、神戸大学の末本誠先生に案内してもらった。

二度とは来られない旅だと思っていたので、立ち寄ったベルリンでの数日間は、時間が許す限り歩いた。列車やバスにも乗った。そこでの発見は強烈だった。

一九三八年に起きた反ユダヤ主義の暴動「水晶の夜」を記念したユダヤ人墓地。そして、ヒトラーによって焚書が行われたフンボルト大学の庭。庭の中央に分厚いガラス板の蓋。その地下に広い部屋。空っぽの書棚が安置されていた。

ナチスへの抵抗者が処刑されたゲデンク・シュタットの建物に入る時、劇作家ブレヒトのことを思い出した。暗殺者に追われ、パリ、デンマーク、モスクワ経由で逃げるのだが、身を隠しながら、『真実を書く際の五つの困難』を書いていた。印象に残る文言は、「真実を知る賢さ」「真実を伝える相手を選ぶ判断力」。私は、あらためて大学での授業に感謝していた。

ユダヤ人を貨車に押し込み、絶滅収容所へ送り出したグリューネヴァルト駅一七番線にも立った。プラットホームには畳二枚分ほどの厚い鉄板が敷き詰められ、鉄板の一枚一枚に、期日と人数と行き先が刻まれていた。そこに立ち、「ここから！」と思った直後、目の前の風景が大きく揺らいだ。

夏のドイツは日暮れが遅い。夕食が八時過ぎから始まったとしても、九時過ぎには案内役の小林文人先生とベルリン市内のどこかにいた。安全のため十時までにはホテルへ、という警告を無視して歩き回った。そして、偶然にというか、まるで引き寄せられるようにケーテ・コルヴィッツの作品に出合った。

かつては東ドイツ領内にあったウンター・デン・リンデン（菩提樹通り）の脇に、ノイエ・ヴァッへという教室大の建物があり、その中央に「ピエタ」がライトアップされて置かれていた。小林先生との会話を思い出す。

「農中くん、これが有名なピエタだよ。作者はケーテ・コルヴィッツ。知ってる？」

「ケーテ・コルヴィッツのことは知ってます。だけど、ピエタは知りませんでした」

「ほう、ケーテ・コルヴィッツを知ってたのか。意外だったね」

「この人の別の作品で授業をしようと思いながら、暗礁に乗り上げたままなんです」

「そのうちにできるんじゃない、楽しみなことだ。たしか本も出ているよ」

そんな会話だったと思う。

翌日も、私は一人でこの場所に立っていた。そして小林先生の言葉通り、二年後にその授業が実現することになる。

土台となったのは、まず、ドイツ語版のケーテ・コルヴィッツの画集だった。分厚い画集のなかに"Saatfrüchte sollen nicht vermahlen werden"（播種《はしゅ》を粉にしてはならない）が掲載されていた。さらに、幾冊かの書籍。

鈴木マリオン訳『種子を粉にひくな――ケーテ・コルヴィッツの日記と手紙』（同光社磯部書房　一九五三年）、若桑みどり著『ケーテ・コルヴィッツ』（彩樹社　一九九三年）、志真斗美恵著『ケーテ・コルヴィッツの肖像』（績文堂　二〇〇六年）、鈴木東民著『ケーテ・コルヴィッツの日記――種子を粉にひくな』（アートダイジェスト　二〇〇三年）など。

授業が暗礁に乗り上げていた一番の理由は、絵の右下の子どもの表情だった。視線が三人とは逆向きで、目が輝いている。これが最大の謎で、こうした謎が、関係書籍などを調べていくうちに、しだいに解け始めた。

みんなとは反対方向を見ながら、手柄を狙っているかのような謎の少年。この少年こそ、ケーテ・コルヴィッツの次男であるペーターだった。ペーターは、第一次世界大戦が始まると、志願して戦場に赴き、戦死していたのだ。ケーテは深い悲しみから立ち直ろうと、「ピエタ」の像の制作に打ち込んだ。

敗戦が濃厚になると、国民的作家のデーメルは、ドイツの若者に向けて戦争への協力を呼びかけた。これに対しケーテは、文豪ゲーテの言葉を引き、「種を粉にひくな」と反論し、反戦の立場を明確にした。

第二次世界大戦が始まると、ケーテはヒトラーに監視されていたが、大戦の終盤には、『種子を粉にひくな』の版画の制作を始め、七五歳にして完成させていた。しかし、孫のペーターまでがロシア戦線で戦死。ケーテは平和主義を唱えつつ、終戦の日を目前にして七十七歳で逝去した。

ここまで解いた時、授業でのキーワードは、「ペーター」だとひらめいた。つまり、「ペーター」の物語を縦軸にして、授業を展開していくのである。

そのように考えた時、ふさわしい映画の存在を思い出した。学生時代に、東京のシネマ新宿で観た『西部戦線異状なし』である。

作品の原作者はレマルクで、主人公の名はポール・バウマー。舞台は第一次世界大戦。主人公は志願して戦場に赴き、空しく戦死。物語の内容がぴったり重なるではないか。

授業の構想が明らかになり、準備作業が忙しくなった。

実際の授業では、ＤＶＤ版の映画『西部戦線異状なし』から、いくつかの場面を切り取って挿入する。主人公のポールをペーターに置き換えて物語風に展開する。版画の拡大図を何枚か用意する。

授業への道が、やっと見えてきたのである。長い道のりだった。

私は、一枚の版画絵に引き込まれて授業を思い立ったものの、解読の手がかりすら見通せず、一度は無念の挫折感を味わった。そして、偶然の旅で好機を拾った。

結果的には、納得できる授業ができるまでに、四年の歳月を要していた。

平和の学びでは、考える力を身につけてほしいと思っている。一枚の絵を解読することもそうだが、日常の暮らしのなかに平和を見い出すことが重要だと思うからだ。

そのために平和の絵を描く。しかし、これは案外難しい。抽象的なテーマを、具体的な暮らしの場面で表現することになるからだ。私も描いた。父と魚釣りをしている場面を。空には戦闘機ではなく旅客機が飛んでいる。ふだん考えたこともなかったので、仕上げるまでにかなりの時間を要した。

職場の同僚にも声をかけてみた。いったんは、「パス」と言われたが、それでも、それぞれに描いてくれた。

すやすやと眠っている幼子がいた。笑顔で食事をしている家族がいた。広場で子どもたちが遊んでいた。夕日を背に散歩している二人がいた。静かに眠っている描がいた。

ある大学では、一人の学生が、はっとするような絵を描いてくれた。それも十数分間で。

私は、この絵の題名を「父の復員」とした。

絵を見て、すぐにそう感じたのだった。

私の父は、第二次世界大戦の時に招集され、満州（中国の北部）の戦線にいた。戦地からの便りに、両手に凍傷を患ったという一文があり、実家では父の安否を気づかう会話がされていた。吐く息が白くなる冬の夜、年長だった私の従姉妹《いとこ》が戸締まりをしようと土間に下りた。その時、引き戸が開き、「ただいま帰りました」という懐かしい声がした。そこに、父が立っていたのである。

父の帰宅を迎えたその従姉妹から、数年前にその話を聞くことができた。聞きながら、私は思わず拳《こぶし》を握っていた。父が生きて復員できたからこそ、今の私があるのだ。

ちなみにケーテ・コルヴィッツは、平和をどうとらえていたのか。

私は、「母の喜び」であり「少年を抱く母」（いずれも一九三一年）だと思った。

最後になるが、沖縄の石垣島にある記念碑について、ふれておきたい。

ベルリンのグリューネヴァルト駅一七番ホームに立っていた時の恐怖と感動は、日本に戻ってからも薄らぐことはなかった。過去の事実と謙虚に向き合い、後世に伝えようとしている姿勢への共感は、その後の授業への原動力にもなった。

だがその一方で、こういう場が日本にはあまりにも少ないと思うと、私はやり場のない空しさを感じてもいた。つまり、被害の事実の記録は丁寧に続けられているのに、加害の事実についての記録は少なく、当事者はいまだ沈黙し、認識の共有化が滞っている。そう思えてならないのだ。

ところが、沖縄の石垣島に存在していた。石垣島の唐人墓がある公園の一角に、「碑文」としてあった。

その日、私は平久保《ひらくぼ》という場所に用があり、初めて石垣島を訪れていた。『種を粉にひくな』の授業を行った後だった。その際、土地の方の案内でたまたま発見した。それは、加害の事実を形にし、後世に語り継ごうとする「米軍飛行士慰霊碑」。

刻まれた文字を読み終えて驚いた。過去の事実と謙虚に向き合おうとしている営みが、まぎれもなくそこにあった。

「碑文」の建立をめぐっては、賛否の考え方が対立し、激しい議論がなされたという。勇気ある決断を、心に刻んでおきたいと思った。

碑文

太平洋戦争末期の昭和20年4月15日の朝、石垣島に来襲した米空母マカースレイトの雷撃機グラマンTBFアヴェンジャー編隊の1機が、日本海軍警備隊の地上砲火で撃墜された。パラシュートで大浜沖合に落下した3名の飛行士は海軍兵士に逮捕され、捕虜となり、警備隊本部のあるバンナ岳麓で、瀕死の暴行を受け、同日夜処刑された。捕虜の虐待は「捕虜の待遇に関する条約」（通称「ジュネーブ条約」昭和4年）で禁止されていた。ティボ中尉とタグル兵曹は軍刀で斬首、ロイド兵曹は多数の兵士達の銃剣による刺突で無残にも殺害された。これは戦争がもたらした非常に悲しい事件であった。

バーノン・ローレンス・ティボ中尉（機長、イリノイ州出身、28歳）

ウォーレン・エイチ・ロイド兵曹（通信手、カンザス州出身、24歳）

ロバート・タグル・ジュニア兵曹（砲手、テキサス州出身、20歳）

人道上から日米が協力して、無念の死を遂げた米兵士の御霊を慰めるため、ここ石垣島に慰霊碑を建立する。

碑が日米の平和、友好の発展に寄与し、かつ人間として持つべき平和を希求する心と、決して戦争があってはならないという固い誓いを後世に正しく伝え、世界の恒久平和の実現に寄与することを祈る。

平成13年8月15日

米軍飛行士慰霊碑建立期成会

Ⅴ　二十年後を生きていく

チテキショウガイ

「チテキショウガイって何なの」って問われたら、どう答えるだろう。困ってしまうなと思っていた。ところが突然、私がそうした場面に立たされることになった。受けもっていた健太が、小学部の六年生になって迎えた夏の日のことだった。

健太は、保護者の都合で他県から福岡県に転居してきた際、軽度の知的「障害」があるという理由と家庭の事情とで、知的「障害」児の施設に入所することになった。就学の日を迎え、入学した養護学校に私がいた。健太が二年生に進級した時、その学級の担任を私が受け持つことになった。

健太は、「おはよう」の挨拶がなかなかできなかった。言えたとしても、ぼそっとした声で、何と言っているかわからない。話しかけられると無視したり、睨《にら》みつける目つきになったりする。おんぶしようとするとすぐ降りてしまう。だっこしようとすると、体をそらしてしまう。自分の体を預けることができない。心を閉じている子だった。

秋が来て、学校全体の学習発表会。健太は、母親が見に来てくれることを楽しみにしながら練習に励んでいた。客席に母親がいることを確信して、その日を迎えた。朝から、「先生、がんばるよ」の連発。わくわくしながら本番のステージに上がり、袖幕の横から客席を見回す顔が輝いていた。

ところが、大好きなお母さんの姿が見つからない。「行くよ！」の声で、ステージ中央まで進んだ時、まったく動かなくなった。指をくわえたまま、じっとしている。一緒に演技をしていた先生から、小さいけれど鋭い声がとんできた。

「健太に何か言ってください、農中先生！　動かんのです」

私は袖幕のそばにいて、ほかの子どもたちと出番を待っているところだった。私もその様子を見ていた。ただちに応援の声をかけようとしたが、できなかった。いくら私の言うことを聞いてくれている健太でも、この場面では通じない。かえって、周りの子どもたちを委縮させることになる。

健太は母親のためにがんばってきた。しかし今、その支えがなくなったのである。手の打ちようがない。私は、指をくわえたままじっとしている健太であってもいいと思った。

発表の日が去り、しばらくして一緒にビデオを見た。横で健太も見ていた。私は言った。

「元気が出らんやったよな。お母さんは来なかったし。仕事が忙しかったのだと思うよ。来年、またがんばればいいさ」

健太はにやにやしながら、てれくさそうにうなずいた。

その後、アルバムにステージの写真がおさまった。健太は時々そのアルバムを開けて見ていた。

「おい健太、お馬さんをしよう。じょうずに乗れるかな」

健太はちょっとためらってから、私の背中にしがみついてきた。教室の中をぐるぐる回っている間、キャッキャッとはしゃいでいた。

「お父さんに乗せてもらったよ！」

健太が父親のことについて自分から言ったのは、これが最初だった。

幼い子どもたちと、身重のつれあいを置いて出て行った父親。どんなお父さんだったのだろうか。健太の心のなかにどんな姿で残っているのだろう。

一方、健太の母親なのだが、その後も学校に姿を見せることはなかった。

健太には三人の弟がいた。二人は地元の小学校に、末弟は保育園に通っていた。夏休みなどには小学校の学童保育に通う。健太は地元小学校の児童ではない。したがって、そこでの学童保育に参加することができない。だから、一人でぽつんと家にいた。

健太が弟たちといっしょに学童保育に参加できたらうれしかろう。そんな思いから、私は当該の小学校の先生たちと連絡をとり、むずかしいことは承知の上で相談をもちかけた。健太は、五年生になっていた。すると、すぐに数人の先生が相談に応じてくれた。先生たちも心配してくれていたのだ。

ちょうどその頃だった。母親のかわりに家事を切り盛りしていた健太の祖母が急死した。家族にとっては緊急事態である。果樹園の仕事をしている祖父の負担がいっきにふくらんだ。こうした難局を乗りきるには、自治体関係者の支援や小学校の先生たちの力添えが不可欠である。急ぐ必要があると判断し、私個人の判断で動くことにした。

健太のことをより多くの人に知ってもらうために、時間を見つけては、地元の役場や小学校に行き、事情についての話を聞いてもらった。そうした努力が実り、数ヶ月後くらいには、祖父を中心とした暮らしが、なんとか安定するまでになった。

十二月二十四日の夕方だった。子どもたちがそわそわするクリスマス・イブ。余分にあっても困ることはないだろうと思い、ケーキを買って車を走らせた。

谷川添いの健太の家の近くに車を停めていたら、ちょうど軽トラックが出てきた。祖父が運転する車だった。三人の子どもたちが乗っていた。収穫したミカンの配達に行くところだという。祖父が言った。

「あれから、帰ってこんのです」

なんてことだ。母親が家にいない。子どもたちを放置して。まさにネグレクト（育児放棄）。玄関の戸は寒空の下、開いたままだった。ケーキは、家のあがり框《かまち》に置くことにした。怒りとも悲しみともつかない気持ちがこみあげてくる。私のなかから力が抜けていくのを感じていた。

それから半年、健太が六年生になって夏休みを迎える頃のことだった。

小学校での学童保育に「健太くんもどうぞ」という連絡が入った。健太の家庭状況を知る小学校の先生たちが、継続的に動いてくれていたのだった。

八月九日。長崎に原爆が落とされた日で、私はテレビで式典を観てから、健太の学童保育での様子を見に行った。

学校の近くに車を停め、近くの店で差入れ用のアイスバーを買った。

クーラーボックスをかついで坂を上り、運動場を見回すと、それらしき子どもたちがソフトボールで遊んでいた。そのなかに健太もいた。健太の弟の卓《すぐる》がピッチャーをしていた。四年生になっていた卓は、小柄ながら磨かれたフォームで伸びのある球を投げこんでいた。

健太は見たこともない変な帽子をかぶっていた。しかも、ボールを打つと、三塁方向へ走って行く。ふざけているというより、まるで野球のルールを知らない子のように。

私はタイミングをみはからって、大きな声で子どもたちに呼びかけた。

「さしいれでーす。アイスですよー」

多くの子が私とは初対面だったが、健太が「農中先生だ！」と声をあげながら、駆け寄ってきたので、他の子どもたちもいっせいに集まってきた。一人ひとりにアイスバーを渡し、木陰に座って私も食べた。

弟の卓は「あとでもらう」と言って、一人でボールを放りあげていた。すると二年生くらいの子が、アイスを食べながら、私に話しかけてきた。

「おっちゃん、あの人チテキショウガイなんやろう？」

その子の視線の先に健太がいた。健太が学童保育に参加するようになった時、先生が、みんなの前でそんなふうに紹介したのだという。

そういえば、健太はボールを打って走る時、明らかにセーフのタイミングなのに、ベース手前でゆっくり滑りこんでアウトになっている。それに、かぶっている帽子はどこで手にいれたのか、大きな飾りがついた冬物である。

私は、はっとした。健太は、「チテキショウガイ」を演じながら、みんなのなかにいるのではないか。一見、伸び伸びと遊んでいるように見えるけれど、健太は周りに気をつかいながら学童保育に参加しているのではないのか。きっとそうだ。

そう思うと、せつなくなった。

それにしても難しいことを訊かれたと思った。不意打ちだった。

つねづね自分でも難しいと思っていたことを質問されたのだ。その子は、私への挨拶がわりの軽い気持ちで言ったのだろうが、私にとっては困る質問だった。

おそらく、私からの答えが「チテキショウガイ」という言葉の概念を色濃く刷りこむことになる。しかも、これが「障害」の一つを理解する一歩にもなる。慎重にわかりやすく説明しなければならない。まだ幼いし、「チテキショウガイ」を「知的障害」という漢字で理解しているわけでもない。それだけに、私の責任は重い。

「そうやね」

と時間をかせぎ、めまぐるしく考えた。そして、答えた。

「健太くんは『チテキショウガイ』なのか。そしたらね、おっちゃんも『チテキショウガイ』かもしれん。それから、きみもそうかもしれんとよ」

その子は、「ふーん」と頷《うなず》いていたが。すぐに吹っ切れた表情に変わった。

「おいしかった」

と笑い、食べたアイスの棒を私に返すと、白く輝く運動場に駆けだして行った。

知的「障害」の概念規定は難しい。はたして私は正しく説明できたのだろうかと思う。

そもそも、知的「障害」というのは線引きが難しい。あくまでも相対的な表現である。したがって、同じ質問をされたら、私はまた同じように答えるだろう。なぜなら、人はみな不完全な存在なのだから。

学童保育と学籍

入所施設で生活していた健太は、夏休みや冬休みなどを待ちわび、迎えが来れば、小躍《こおど》りして実家に帰る。いわゆる帰省である。父親や母親のかわりに、祖母と祖父が待ってくれていた。弟たちは朝から毎日のように地元小学校の学童保育に出かけていく。ところが、健太は学籍の関係で行くことができずに家で留守番。学校関係者や自治体関係者が、そのことに気づいていたかどうかは不明だが、その状態が何年も続いていた。六年生の夏休みに初めて、弟たちと一緒に学童保育に出かけた。

きっかけは、祖母の急死だった。その時、当該小学校の心ある先生たちが家庭訪問をし、祖父やきょうだいたちへの配慮と生活の立て直しに協力してくれた。その際に、健太の学童保育も可能にしてくれたのだった。

ただし、これはあくまでも特別な事例で、養護学校の子が地元小学校の学童保育に参加するというのは例外的なことだった。その状態は、養護学校が特別支援学校に名称変更した今も続いている。多くの人に知ってもらいたいのだが、市町村立の小学校で行われている学童保育に、県立等の特別支援学校に在籍している子は参加することができない。その理由は簡単。学籍である。学籍がどちらの学校に置かれているのか。それが分断の楔《くさび》になっているのだ。

私は二つの養護学校に合わせて二〇年ほど勤務していたが、その間、健太のような事例を他に聞いたことがなかった。ただもう一つ、これも例外的な事例があった。光行《てるゆき》の場合である。

健太が小学部を卒業して数年後に、光行が入学してきた。放課後は地元小学校の学童保育に通うというので、私は驚いた。何かの間違いだろうと思った。養護学校に入学した子は、学籍の関係で、どんなに強く希望しても、地元小学校の学童保育に通うことはできなかったからである。しかし本当だった。

光行の場合は、当該地区の社会福祉協議会に協力してもらい、「てるちゃんの学童保育を支援する会」が発足していた。すでに十数人のボランティアの登録があり、その人たちが順番で光行の学童保育につき添うということだった。なるほどと思った。

私も見学させてもらったが、ちょうどおやつの時間が始まるところだった。仲良く遊んでいた子が、「てるちゃん、おやつに行こう！」とブランコを手放した。すると、光行は待ってましたとばかりに、そのブランコを独占して漕《こ》ぎだした。得意技の始まりである。学校でも、ブランコが大好きで、ハラハラするほどに激しく大きく漕ぐ。「てるちゃん！」という友だちの声を背に受けながら、満面の笑みでブランコを漕いでいた。……

あくまでも特別だった二人の事例。だったら、通常はどういう状態にあるのか。そこのところを、より多くの人に気づいてもらいたいと思う。

長い休みに入ると、子どもたちは家にいて退屈し、保護者とくに母親は身動きができなくなる。聾学校の場合もそうだったが、養護学校の場合はなおさらだった。子どもが家にいる時は、母親が子どもの世話をせねばならず、外で働いている場合は仕事ができなくなる。子どもから目が離せないので、母親は疲れを溜めていく。おおげさに聞こえるかもしれないが、「地獄の夏休みが来る」「子どもをしめ殺したくなる」などと嘆く母親がいた。せめて毎日の下校時刻を遅くしてほしい、という声が上がってもいた。事態は深刻なのに打開策がなかった。

こうした状況に、学校としてできることはないのかと職員室でも話題になっていた。しかし、前例がなく名案も浮かばない。だけど静観するわけにもいかない。とにかく、やれることをやるしかない。そこで、保護者と近隣に住む教員が一緒になって、子どもたちの面倒を見るという苦肉の策が浮上した。名付けて、〝サマースクール〟。

子どもたちが居住する自治体ごとに担当者を決め、公的な施設に子どもたちと集まり、数時間を一緒に過ごすのである。プールの使用や会場の冷房費などを自治体にお願いするが、教員や保護者への交通費などはゼロ。行う時間帯は会場ごとに決める。自治体ごとの理解度に差があるけれど、当面そこは問わない。なるべく早く実施しようということになり、サマースクール支援委員会が設置された。

筑後養護学校独自のサマースクールが始まった。地区ごとに責任者を決め、その人が中心となって会場と交渉したり、当番の日程などを調整したり。まさに、みんながボランティア活動。それでも心は元気に。当番からはずれた日が、その人の休養日でありレスパイト（息抜き）。会場では心地よい連帯感が醸成され、日々の苦労話で盛り上がるようになった。

ちなみに、サマースクール支援委員会の記録によれば、それから数年後の二〇〇五年（平成十七年）には、六月三〇日に、次のような内容が提案されていた。

① 筑後市　二一日間　筑後市総合福祉センター、他
② 八女市、八女郡　二五日間　八女市勤労青少年ホーム
③ 広川町　二九日間　広川町町立中《なか》広川小学校
④ 大川市　二〇日間　大川市研修施設ふれあいの家、他
⑤ 瀬高町　二日間　瀬高町立大江小学校
⑥ 大木町　一二日間　大木町保健センター

こうして、サマースクールは、保護者にとっては何よりの頼りとなった。また、この頃から「レスパイト」という言葉が頻繁に使われるようにもなった。緊急の策として始まったサマースクール。結果として、十年間くらいのとりくみだったと思うが、みんなが前向きだったし、大きな役割を果たしたのだった。

最近では、特別支援学校の子どもたちは、「日中一時支援」や放課後等デイサービスを利用している。放課後になると、学校の駐車場には、スクールバスのほかにさまざまな施設の送迎車が待機している。夏休みなども施設と契約することで、自宅に迎えに来てもらうことすら可能になった。「障

害」児者に関係する法律の整備によって、福祉分野の制度が大きく進展してきたからである。

しかし、深刻な状態が改善されたとはいえ、「障害」児の側からすれば、日中一時支援や放課後等デイサービスは、あくまでも学童保育の代替でしかない。地元小学校の学童保育への参加は、学籍という壁に阻まれたままの状態が続いている。

放課後や夏休みの過ごし方は、結果として、学童保育と日中一時支援などとの二本立てとなった。それは時代の流れではあるが、「障害」児と「健常」児の間に打ちこまれている分断の楔が、いっそう見えにくくなったということ。このままでは、健太や光行のような事例は忘れられてしまうだろう。放課後の問題を解く大きなカギは、やはり学籍なのである。

二〇〇六年十二月に国連総会で採決され、二〇一三年に日本が批准した「障害者の権利条約」の精神によれば、子どもの学籍を地元の学校か特別支援学校かで分けることも問題にしている。合理的配慮は、「障害」児のためにこそ機能されなければならないからだ。

にもかかわらず、能力主義を是とする学校は、「障害」がありそうだとわかれば、上手に排除し、それも合理的配慮を検討した結果だと説明する。そして、その子の学籍は特別支援学校に置かれる。

当事者の選択を尊重するという立場からすれば、その子が特別支援学校に就学したとしても、学籍を居住地の学校に置くという工夫があってもいいはずだ。仮に二重学籍になったとしても、解決できないほど困難なことが起こるとは思えない。人的な加配や若干の予算をつけ、従来通りのやり方にそれなりの工夫を加えてとりくめば、見通しが立つ。改革が子どものためになるのなら、ためらう理由はない。

学籍の問題に見通しがたてば、学童保育を希望するすべての子の参加が可能となる。健太のように、弟たちを見送りながら、家での留守番を余儀なくされることもなくなる。きょうだいに打ち込まれている分断の楔が取り除かれる。一方、それでも日中一時支援などを希望する家庭があるのであれば、そのための手だても講じる。それが工夫というものではないだろうか。

地域懇談会

「地域との連携」という文言は古くからあった。しかし、多くの学校が言葉だけで完結し、学外に出て行くことを望まない。手続きが面倒だし、しなければしないですむからであろう。

学校外の公的な施設を借りて地域懇談会を行う。保護者と教員と自治体関係者が一堂に集まり、困っている事例や暮らしのなかの疑問を出しあう。すると、それまで疎遠な関係だった保護者と保護者との間にも会話が生まれ、ふだん学校との距離がある自治体関係者にとっても、他では経験できない学びの場となる。いろいろな意見が交わされるから、思いがけない気づきもある。「障害」児者が地域に所属していくための現実的な方策など、さまざまな課題解決の糸口が見えてくる。

私は養護学校で仕事をするようになってから、そのような地域懇談会の開催を考えるようになっていた。みんなの意識が高まるような、将来を見据えた情報交換ができるような場の設定。問題は、地域の自治体関係者をどう呼び込むか。そこがカギだと思っていた。

当初、地域懇談会を開催すれば、学校へのこまごました要望が優先され、収拾がつかなくなるのではという心配の声もあった。とくに管理職には、その思いが強かった。とりあえず、校内で、保護者と教員だけで会をもった。八月下旬の除草作業の終了後に、冷房のきく視聴覚教室と寄宿舎の大部屋で行った。すると、制度の問題とか、学校外の関係者へ働きかけるべき問題などが話題になったのだった。

翌年から、学校外の場所で地域懇談会がもたれるようになった。

まず、七月上旬に自治体の公共の三会場で開催。次に、終業式の日のお昼前後に、学校の寄宿舎で。寄宿舎では、遠隔地から入舎している生徒の保護者と居住地の関係職員を対象に行う。公共施設については、年度当初に予約が必要だし、六月には、関係自治体や保護者への案内状を配っておかなければならない。こうした仕事は、おもに人権・同和教育部が担当した。

保護者と自治体関係者と学校関係者とが膝をまじえ、子どもの日常のことや、地域での暮らし方などについて語り合う。話された内容は、書き起こして校正し、『まとめ』を作成して参加者に配布する。一九九八年（平成十年）が最初で、この時は、用紙一枚だけだった。やがて、両面印刷の冊子になった。『まとめ』は、初めて参加する人にとっては何よりの参考書となった。

地域懇談会には、自治体関係からの参加者も増え、会場によっては、保護者の数を上回るほどにもなった。それぞれの会場には、児童生徒が集う部屋も用意し、職員は、懇談会に出る者と児童生徒の世話をする者との二手にわかれるようにした。

学校主催ではあるが予算もないので、参加してもらう自治体の方々への交通費などは出せない。それでも、いくつもの自治体から参加があり、会は充実してきた。係が『まとめ』を携え、関係自治体を訪問し、話し込みを重ねてきた成果でもある。おかげで、いくつもの家族が、卒業前から自治体関係者との繋がりを持ち、いつでも相談できるようになった。

学校外からの参加者は、最初は、社会福祉協議会からだけだった。その後、学校教育課、児童福祉課、福祉事務所、地域の支援施設の関係者、市会議員や首長、卒業生とその保護者、退職・転勤後の教員、といったぐあいに、回を重ねるごとに広がった。今後、民生委員や企業の関係者などが加われば、会はさらに充実した内容になっていくものと思われる。

頭の痛い問題もあった。それは、職員の服務。

出張旅費が少ないから、最初は、「勤務地の変更」という都合のいい解釈で、出張旅費を削減していた。だが、移動中や会場で、職員に何かあった場合のことを考えると、管理職の心配は尽きない。職員会議で話し合いをした結果、一台の自家用車に相乗りしての「出張」ということになった。

次に、『まとめ』の作成。これは、担当者にとっては、無理を承知での仕事だった。

はじめに、懇談会での発言を、会場ごとに書き起こす。会場が四つだから、四人が必要となる。次に、責任者が余分な文章をできる限り削除し、読みやすいように整える。場合によっては、発言者に校正した文章を確認してもらう。文体の統一が必要で、片手間にできる作業ではない。しかし、そこまでしないと読んでもらえない。この仕事は、支援加配という分掌を担当している江藤先生や私の役割だった。

例年十二月には、書き起こしの原稿が集まる。したがって、校正は年末年始の休み中に行うことになる。面倒な仕事ではあるが、その成果は『まとめ』に現れるから、丁寧に行わなければならない。江藤先生は、この孤独な仕事を、何年も続けてくれた。時にはぼやきも。でも、そんな時は、ギターを奏でながらのビートルズ。歌えば、心が澄んでいく。

学校での秋山先生は高等部に所属し、自立活動を担当する笑顔がすてきな先生で、その場を明るくする力がある。ふだんの授業では、硬直しがちな生徒の身体をほぐしながら、心を活性化させていく。そして、地域懇談会では司会の名人。豊富な人脈を背景に、初めて参加する人を、いつのまにか場の雰囲気になじませていく。秋山先生から元気な声がかかると、その場を盛り上げる発言が続くから不思議だ。

ちなみに地域懇談会でのやりとりは、具体的には、どういうものだったのか。『まとめ』を開いてみることにする。

まず、平成二十四年度の『まとめ』から（前後は略）。

司会　では、（恋愛問題について）よければ、卒業生のAさん。

卒業生A　さっきの話ですが、同じ作業所の人と三ヶ月間だけお付きあいをしました。最初はメールのやりとりでした。別れる時もメール。別れた後は、ものすごく仕事がしづらくて、泣きながら人に電話しました。今、一年経ちました。恋愛のことになると、目の前のことしか見えません。傷が癒えるまで、時間がかかりましたね。

職員F　好かれていると自分の価値が上がり、嫌われたら、自分の価値がなくなったかのように錯覚します。自分の価値に変わりはないのですが。でも、その辛い思いは、何かに打ち込んでいると気が紛れてくる。だから、打ち込めるものを見つけることが大切。男女に関係なく、好きになった人には、好きになってもらいたい。不思議な感覚。仕方ないですよね。

次に、平成二十五年度の『まとめ』から。

旧職員A　Yくんが杖をついて、図書館に行っている姿を見ました。聞けば、福岡にも出かけて行くし、福祉事務所の人とも親しくなっている。卒業後に、あれほどたくましく楽しくやっている彼が、地域懇談会に来てくれると、勇気をもらえます。

職員E　彼は、ヘルパーさんと一緒に映画を見に行ってます。小学校の五、六年生の頃は肢体不自由児の学校にいて、私はその頃の彼を知っています。ピーピー、ギャーギャー泣いてばかり。十数年ぶりに転勤して彼と会ったのですが、その成長にびっくりしています。

司会　移動介護の手続きなども、自分でしているんですか。

職員E　福祉事務所にも、遠慮なく相談しているようです。

さらに、この年、別の会場では、

卒業生の保護者B　卒業して、学校での手厚さが身にしみています。私は、この子を数年後にはケアホームに入れたいと思っています。いつまでも私たちが看《み》れるわけじゃない。農業をしていて、きょうだいの結婚の時期が来た時、問題が出てきます。
長い目で見たら、一週間に一回、あるいは数週間に一回。ちゃんと連れて帰ってくる。そういうのがいいかなと思っています。
それから、私たちの学年は、保護者同士の仲がよくて、卒業後も家族で毎月会っています。修学旅行の経験を生かし、毎年、旅行にも行っています。保護者の息抜きにもなるし、明日からも頑張ろうという気にもなるのです。在学中から、ぜひ横のつながりをつくっておいてください。

続いて、平成二十六年度の『まとめ』から。

保護者G　グループホームの現状とこれからを教えてください。

関係機関F　グループホーム（の対象）は、身辺の世話が常時必要ではない人。ケアホームは、担当の職員が身辺の世話などを行うというもの。通所の事業所や入所施設の主導で設立から管理運営まで行われています。今年度から障害者自立支援法が障害者総合支援法にかわり、ケアホームとグループホームの一元化が進められています。在学中に職場実習先を選ぶ時、そこも視野に入れてもらえたらと思います。

地域懇談会の開催は平成二十九年度で二十回目となった。開催を前に、担当者から出された案内文には次のような文言が添えてあった。

「意見が出しやすい」「参加しやすい」地域懇談会を目標に、毎回少しずつやり方を変えています。（略）今年度は、保護者向けの事前アンケートを配布・集約し、話し合うきっかけにつながるような資料を作りました。（略）いろんなご意見を聞かせていただけたらと思っています。

平成29年7月1日

学校は誰のためにあるのか。原点であるそのことを、いつも考えておきたい。そうすれば、やがて解決に向かう。地道だが、そうした考えに立脚した工夫ととりくみが、やがて地域と学校との連携についても可能にしていく。

ただし、無理は禁物。担当者が誰であろうと、疲れ果てては次の一歩が出なくなる。時には簡略化することも視野に入れながら続けること。とにかく続ける。期待する成果は、十年後、いや二十年後だろうか。きっと出る。

言葉の力で進む

社会福祉協議会の支援を得ながら学童保育に参加していた光行《てるゆき》は、スクールバスを利用せず保護者に送迎してもらっていた。帰りの支度をして待つ場所は、決まって校門が見える渡り廊下のところ。いつのまにか、寄宿舎に帰る高等部の吉見くんと言葉を交わす関係ができていた。

その日の迎えはいつもより遅くなり、光行は黙ったまま泣きはじめていた。

「だいじょうぶ、もう少しだから」と、私はなだめていた。そこへ吉見くんが通りかかった。彼はいつもとは違う様子にすぐに気づいた。

「先生、てるは何で泣きよると？」と心配そうに聞いてきた。

「バスがみんな出てしまって、それぞれの迎えの車もいなくなったからね」と私。

すると、長身の吉見くんが膝を折り曲げ、光行の目の高さになって言った。

「てる、もう少ししたら、迎えに来《こ》らすけん。心配すんな。おれは、金曜日にならんと家には帰れんとぞ。おまえは家に帰らるるやっか。だけん泣かんで待っとけ」

吉見くんがどこでそのような素養を身につけていたのかはわからないけれど、光行は吉見くんの話をじっと聞いていた。やがて、その言葉が通じたのか、涙を出さなくなった。私がハンカチで目の周りをふいてやると、光行はふたたび校門の方を向いたのだった。

言葉には力が備わっていて、人を励ますことができる。人々の連帯を築くのも言葉である。しかし、言葉は両刃の剣。人と人を結ぶ一方で、人々を分断することもある。さらに、言葉は人を傷つけたり、殺したりする道具にもなる。

小学生の頃に両親の離婚という状況に置かれた私の場合も、一番怖かったのは言葉だった。近所の人たちからいろいろ言われたが、それは、私にとっては挨拶がわりのようなものだったし、たいして気にもならなかった。気になっていたのは父の言葉だった。父と二人で暮らすようになって以来、母のことを話題にすることはなかったけれど、私はずっと気になっていた。

父は、母のことをどう言うだろう。その言葉によっては、自分が自分でなくなってしまうのではないか。そう思うと、訊きたいと思いつつも訊けないでいた。話題にするのが怖かった。しかし、いつだったかは忘れたが、ある時、父が言った。

「お母さんには感謝しとかんとね。あんたの病気を治そうと一生懸命やったろう」

父は救いの言葉をかけてくれたのだった。うれしかった。私は安心し、初めて泣いた。そして、この時の父の言葉は、それからの私の人生の強い支えとなった。

一方、養護学校の建設が進められた時に、理解を拒む人たちによって反対運動が起きた。どこか根拠のない噂が流布され、それがさらなる噂を生み出し、まるで真実であるかのように地域で語れたのだ。また、学校間交流で両校の生徒たちが握手を交わした後、地元の子が無言でその手をズボンで拭いていた。あえて口には出さずに無言での拒否。

ある養護学校では、歩けない子どもが、担任から無言のまま襟首をつかまれ、無理やり歩かされていた。保護者は、訓練の方法について周りの人たちにも相談し、何度も担任に意見を述べ、止めるように懇願した。しかしその担任は、「専門的な訓練です」とはねつけるだけ。たまりかねた保護者は学校長に直訴し、「私の子どもは犬や猫ではありません」と抗議した。その結果、やっと改められた。ところが、担任がその後に行ったのは、放置というやり方だった。これはもう教育ではない。虐待だ。手のかかる人の存在そのものに対する憎悪。これは感情から発しているだけに恐ろしい。

人々の心には、今なお偏見や拒絶が混じっている。「障害」児と「障害」者、つまり「障害」児者と一緒に街に出ると、心地よい開放感が、差別的な無言の視線によって水を浴びせられたようになってしまう。人事異動で「障害」児学校への転勤が決まると、「何か、ヘマでもした?」という疑惑の言葉が出る。「障害」児学校から高等学校への転勤が決まると、「栄転ですね」という褒《ほ》め言葉が聞こえる。

学校には、担任まかせでは解決できない事例がたくさんある。手抜きをして課題を放置しておくと、時間がたつほどに解決困難になる。課題解決の早道は相談と連絡である。まず、学校の中で管理職も交えて連絡を取り合い言葉を交わす。課題によっては関係者に会いに行くか学校に来てもらう。だが、ここのところで問題が生じるのが現在の学校である。学校は「授業の場」で十分だという考え方があり、それに凝り固まっている狭い考えの人たちがいるからだ。

地域のなかにもそう思う人がいるようで、差別やいじめなどについては他人事。関心が向かず、必要な言葉も交わさない。独善性や排他性が強化され、人の存在価値に優劣をつける意識までもが醸成されていく。

人を値ぶみする社会にあっては、「障害」児者は「効率が上がらない」「予算を食う」などと言われ、

「いなけりゃいいのに」と罵《ののし》られたりする。無防備の「障害」者を殺しておきながら、正義を叫ぶ者すら出現してしまう。

もはや他人事ではすまされない。こうした問題は自分の問題でもあり、人間性の問題なのだ。地域と学校との連携を根底で支える人生観あるいは思想が求められていると思った。そしてそれは、言葉で表現することができる。

一つの文言が芽生えていた。広大な海原で静かに浮沈する浮標《ブイ》のように、くり返しくり返し私の脳裏に去来するようになった文言。命題（テーゼ、解釈）と言うべきかもしれない。

その命題は「われ在り、ゆえに、われ思う」。

意味は、「私は、今こうやって生きている。生きているから、私は感じ考えている」。「在り」と「思う」の二つは、この世で生きているすべての人が共有している現実。したがって、この命題に立脚すれば、人はみな対等・平等になる。

かつて私は、これとは逆の「われ思う、ゆえに、われ在り」という命題を習った。たしか、「コギト・エルゴ・スム」。フランスの高名な哲学者デカルトの言葉だった。知識としては覚えていたが、時間がたっても、年を重ねても、実感が伴わないまま現在に至っている。私にとっては、いまなお縁遠い命題。というか、「頭がよくないと、人として失格だよ」と言われているみたいで、どうしても納得がいかず、心のすみでは警戒すらしていた。

しかし、「われ在り、ゆえに、われ思う」という命題を土台にすれば、私にも理解できる。よくわかる。他者との普遍的な関係性を鮮やかに示してもくれる。私と「障害」児、私と「障害」者、私と同僚、私と地域の人。もちろん、外国の人との関係性も。本物の連帯への期待が高まる。仮に、私が今の私でなくなったとしても、「われ在り、ゆえに、われ思う」であるから、ありのままの私を大切にしながら生きていくことができる。

こうして私は、自分を大切にし、他者の存在を意識し、世界に目を向け、様々な立場の人と対等に生きていく命題を見つけたのだった。

そしてもう一つ。私は、それぞれの願いを束ね、そこに向かっていく持続可能な言葉を探していた。バリアフリーやノーマラーゼイションといったような言葉を。日常の暮らしを視野に、地域に所属することの大切さを表現する言葉。私は寝ても覚めても、そのことを考えていた。惹《ひ》かれる言葉があった。「インクルージョン」（inclusion）である。

一九九四年のサラマンカ宣言で有名になった言葉で、「エクスクルージョン」（exclusion／排除）と対峙する。イギリスでブレア政権が誕生した際に、この言葉が使われていたという。国民全体の暮らしを底上げし、格差社会を健全な方向へ変革していくために用意された戦略的な言葉である。

新鮮だったし強く惹かれた。これだと思った。だが、時間がたつにつれ、ためらいが生じはじめた。日本語ではなく、またしても外国語だったからだろうと思う。

インクルージョンの日本語訳は、一般的に「包含」「包摂」「包括」などである。すると、主体となる「する側」と、客体となる「される側」という二つの立場が登場する。その結果、「障害」児者はまたしても「される側」の立場になり、主体者の側には立てなくなる。

それは、「支援」を使う場合も同じこと。「障害」児者はいつも支援される側。したがって、支援する側の「健常」者が優位に立ち、「健常」者の都合が優先されてしまう。

原点は、「当事者のニーズ」。これこそが基本であり、忘れてはならない言葉だ。しかし、それはどこかに消えた。いつのまにか、「ニーズ（needs）」という言葉も耳にしなくなっている。かつては「特別ニーズ教育」、あるいは「スペシャル・エデュケーショナル・ニーズ（special educational needs）」という用語があって、真剣に議論されていたというのに。

障害者の権利条約で提起された「合理的配慮」についても、同様の状況になっていないだろうか。当事者のニーズを忘れたところで議論されているのではないか。

いまや、「インクルーシブ教育」がもてはやされている。しかしなぜ、「特別ニーズ教育」や「共生教育」ではダメなのだろう。インクルージョンという言葉に、無批判にすり寄っている結果ではないのか、などと私は批判的に考えている。

結局、身近な暮らしに即した持続可能な言葉は、実感に依拠して、自分で創るしかないと思うようになった。

「もともと地上に道はない。歩く人が多くなれば、それが道になる」

中国の作家・魯迅の言葉を胸に、私は自分を奮い立たせ、一歩前に出ようと思った。

「地域所属」

創りだした言葉は、「地域所属」。

二〇〇一年度の校内研究は、グループごとにということになった。この機会だと思った。

「地域所属」という用語を掲げて、ハズミ車を回す。途中で力を抜けば、反転してしまうだろう。しかし、いったん回り始めれば、あたりまえになっていく。私はそのように考え、手を挙げた。

「地域所属のための支援について」というテーマで、協力者を募った。小、中、高の各学部から数人ずつ手があがり、研究体制が整った。ところが、研修部主任から待ったの声。

「このテーマは、変更できないのでしょうね」

来た！　と思った。予想はしていたので動揺はしなかったが、ここが肝心だと思った。

「そうです。『地域所属』という文言ははずせません」

「やっぱり、そうですか」

「これまでとこれからのことを考えると、当事者の学びと生活全般にかかわる問題です。だからこそ、中学部や高等部の先生の参加もあったのです。管理職から何か言われたのですか」

「地域所属の意味がわからんと言われました。国語辞典にもないし、どこぞの大学で研究されているようにも思えないと。やはり、校内研究にはなじまないのでは……」

「いやいや、大学での研究を後追いしない研究が、学校現場であってもいいと思いますよ。現場でのとりくみが先行する場合だってあるのです。きっといい結果が出ると思いますよ。そんなハラハラするグループがあってもいいじゃないですか」

まるめこむような哀願調の説得だったかもしれない。しかし、強引と言われようが、非論理的と言われようが、ここは絶対に譲れない。

その翌日、確定の連絡をもらうことができた。一つの道づくりが始まったのである。

そして翌年、学校長から一つの提案が出された。「地域所属」の概念を文章化するように、というものだった。これは学校長からの後押し。学校として認知されたのだった。

二〇〇三年（平成十五年）八月九日付けの一枚のコピーが残されている。そのなかに、次のような一節がある。

差別は、排除という形をとる。私たちは、排除されず排除せず、納得した状態で住んでいる地域に所属していくことをのぞむ。そうした状態をめざす用語として、地域所属（Community Positioning）という言葉を用い、より多くの人に使われていくことを期待する。なお、ここで用いる「地域」とは、校区単位にとどまらず、市町村レベルの広がりを想定している。

これは、筑後養護学校のキーワードとして使われるようになった「地域所属」という用語の概念を示したものである。

「地域所属」を、健太が置かれていた状況と重ねてみた。健太とは、夏休みの学童保育で、「チテキショウガイ」を演じていた健太のことである。

健太は高等部の三年生になり、二学期に予定されている修学旅行を楽しみにしていた。

ところが一学期の終業式の日、スクールバスが出た直後に事件を起こした。なんと、体育館の高い屋根に登っていたのだ。大騒ぎになった。「施設には帰らん！」と叫び、降りようとしない。健太は、祖父と弟たちの所へ戻りたい気持ちを爆発させていた。しかし、祖父もぎりぎりの暮らしである。とても戻れる状況ではなかった。

祖父と学校と施設関係者、さらに行政関係者との間で継続的な話し合いがもたれた。結果は、九月三日付での退学。そして、筑豊地区にある知的「障害」者の施設への入所となった。

二学期の始業式の日。健太は登校すると、学級で別れの挨拶をした。それから世話になっていた寄宿舎に立ち寄り、先生方に決意を述べた。それから祖父の軽トラックに乗り、修学旅行を目前にして学校を去った。ああ、健太の地域所属が遠のいていく。

筑後の地から筑豊までは遠い。JR鹿児島本線で北上し、原田《はるだ》駅で筑豊本線に乗り換える。かつて石炭がエネルギーの主力だった頃は、特急や急行も賑《にぎ》やかに往き交った本線だが、現在では、桂川《けいせん》との間を一日に七本のディーゼル列車が動くのみである。桂川で降りたらバスかタクシーで行く。

私は、高等部の修学旅行が終わってから、会うことにしていた。できれば実家に帰省する日がいい。十二月二十二日に施設を訪ねた。雨だった。玄関横に置いてある傘棚が倒れていた。受付で挨拶をし、健太との面会を申し出た。初めての訪問であるのに、待たれていたと感じるほどの迎えられ方だった。健太の祖父がすでに来ていた。この日、健太は朝から荒れ、やっと静かになったところだという。傘棚をひっくり返したのも健太だった。

部屋に入ると、健太はベッドにもたれかかり、すすりあげていた。私の声で顔をあげ、再び声を出して泣きだした。

「おじいちゃんも、来てあるじゃないか。明日は養護学校で、久しぶりにソフトボールをするとやろう。さあ、帰りの支度をしよう」

しばらく声をかけ続けていたが、気持ちの切り替えには時間がかかりそうなので、買い物をしてくるからと、私はいったんその場をはずした。

戻った時に、健太はいなかった。すでに祖父と実家に向かった後だった。施設長と理事長と指導員の方々が待っておられた。健太を退所させることについての相談を受けた。

健太は人目が少なくなった深夜に、何度も施設を抜け出していたそうである。一度は、施設から遠く離れた冷水峠《ひやみず》付近で、見つかったという。健太は心底実家に帰りたかったのだ。何の権限も持たない私としては、聞きおくしかなかった。

施設を出てからの帰り道。私は車のハンドルを握りながら、「地域所属」「地域所属」と呟いていた。健太の地域所属のために私は何ができるのか、誰に相談しようかと考えながら車を走らせていた。「インクルージョン」についても声に出してみた。スローガンとしての響きはいいが、この言葉からは、人の顔が浮かんでこなかった。

結菜《ゆいな》は、自宅でのお手伝いの習慣が身についていた。学級当番で日直が回って来る日は、朝から元気がいい。日めくりを一枚ちぎって、朝の会を仕切る。そして、出席カードを手に職員室に行く。教室に戻ると、ふーっ、と溜息をついて、へへっ、と満足そうに笑う。

夏のある日のこと、結菜がなかなか戻って来ない。健太たち学級全員に、少し待っててと言い残し、急いで職員室に行ってみた。しかし、結菜の姿がない。保健室だと思い、廊下に出たところで、そうかと思った。職員室の外は空調がなく、うんざりする暑さなのだ。

私は再び、涼しい職員室に入って、机と机の間を見て回った。するといたいた、机の下に。這《は》いつくばり、結菜が寝そべっているではないか。そこは、職員室の中でもとびっきり涼しい所。しかも、かっこうの隠れ場。私はあきれるというより感心してしまった。

そんな結菜は、母親から預かった三百円を持って、近所の肉屋さんに行く。

「豚肉を百グラムください」

「はーい、豚肉百グラム。今日もお手伝いかい。ごくろうさん」

このお手伝いは、母親の考えのもと、学校に通い始めた頃から続けられていた。少しでも地域の人たちとの関係をつくっておきたい。そういう保護者の願いが根底にあったのだ。

結菜の後に入学してきた沙世《さよ》は、養護学校に入学すると居住地校交流を始めた。保護者の強い希望だった。

居住地校交流というのは、一学期に一回、あるいは一月に一回程度の割合で、居住している学校へ行き、地元の子どもたちと一日を過ごす学び方である。学校間交流が定着した後も、福岡県内においてはなかなか認知してもらえなかった。筑後養護学校については、例外的な扱いだったようで、相手校の了解があれば実施できた。ただし、実施する場合の養護学校の出席簿には「欠席」と記入していた。数年後に文科省が、「交流および共同学習」という文言を使うようになったのを機に、出席扱いになった。

　沙世は、もともと地元の保育園に三年間通っていて、家族は、二つ年上の兄が通う学校に進むものだと思っていた。しかし、手が思うように動かなくなり、言葉が出なくなっていくという病を発症し、体温調節もうまくできないという状態が進みはじめた。

　保護者は、沙世の兄とも相談しながら、空調が完備している養護学校への入学を選択した。そのうえで、通う予定だった地元の小学校との交流を希望した。そして、一月に二回の居住地校交流を行うようになったのである。

　沙世の学級には啓司《けいじ》と周《あまね》がいた。啓司と周の保護者も、居住地校交流を希望していた。啓司と周にもきょうだいがいて、地元小学校の子たちとの繋がりを、早い時期からつくっておきたいという考えがあった。保護者は、担任の私を交えながら情報交換を行い、地元小学校と連絡をとりつつ、沙世と同時期に居住地校交流を始めたのだった。


　卒業生についての相談も、課題は地域所属だった。

　子どもたちにとっては春休みの三月末のこと。当時、支援加配の担当だった中村先生は、卒業生の友子のことで連絡を受けた。友子は八年前の高等部卒業生。卒業時に就職した会社に勤め続け、母親を支えながら暮らしていた。

　連絡は、会社からだった。同僚が友子の体型の変化に気づき、上司とも相談のうえでの連絡だった。中村先生はセントバーナード犬のような堂々たる風貌の人だが、その動きは迅速で、配慮は繊細。友子は母親の付き添いのもと、病院で診てもらうことになった。妊娠六ヶ月と診断された。父親の特定ができないということだが、友子は出産を強く希望した。

　中村先生は、学校長、教頭、同窓会担当、進路担当、養護教諭などとで緊急の話し合いをもち、とるべき手立てを検討した。卒業後のことだから学校は関係がない、という声は誰からも出なかった。中村先生は支援加配の職にあり、授業を軽減されていたから、学校外での関係者との連絡調整役として動くことになった。

　中村先生は福祉課を訪ねて保健師さんと会い、友子の個別指導を依頼した。友子の主治医とこまめに連絡し、福岡県の福祉事務所や児童相談所とも連絡をとり、さらに母子自立相談員にも協力を求めた。

　一方、進路担当だった村上先生は、会社に出向き、産前産後の休暇と産後休暇明けの職場復帰をお願いすることになった。会社の返事は厳しかろうと誰もが心配していたが、村上先生は、産後の職場復帰についての確約も取り付けてきた。「さすが」という声が職員室で聞こえた。

　そのような協力を得ながら、友子は無事出産。乳児院の協力を得ながら子育てを続け、その後も仕事と子育てに邁進している。

　哲生《てつお》は、納得できないまま、地元の小学校から養護学校の中学部に進んだ。いわゆる不本意入学である。学校が始まっても学校に来ない。一月たっても、家の周辺で過ごすだけ。事情を把握し、哲生と向き合ったのが学者肌の後藤先生だった。

後藤先生と話ができるようになると、哲生は帰宅したあと、もう一度学校に来るようになった。二人はブランコに乗りながら語り合った。そして、哲生が本音を言った。二つのことを言った。

「養護学校はバカが行くとこやん」

「ぼくは（地元の）中学校に行くとやん」

根深い問題を含む言葉だった。哲生は毎日のようにいらだち、家の周辺で、トラブルを起こしていた。日を置かずに、関係者で情報を共有し、後藤先生が中心になってとりくむべきことを整理した。

養護学校に対する偏見に気づかせ、中学校との出合いを実現していく必要があると判断された。

まず地域でお世話をしている人たちとの懇談会を行うことになった。場所は、地元の集会所。時間帯は夕方から夜にかけて。行政区長、公民館長、民生委員、主任児童委員、家庭児童相談員といった人に集まってもらい、哲生の両親にも参加してもらった。

出席した人たちの表情には、不信や反目といったわだかまりのようなものが漂っていた。それでも、本音が言葉で語られるようになると、笑顔がこぼれ、誤解が解け始めた。同席していた哲生に、声がかかった。

「こんど道で会ったら、おっちゃんにも、挨拶ぐらいしてくれや」

その一言で、哲生の表情が、和らいでいくのが確認できたのだった。

後藤先生はその後、美術の奈須《なす》先生の協力を得ながら、この問題を、『なんでバイバイするとやか』という絵本で表現した（石風社／二〇〇八年三月）。この本では、地域所属というテーマを、対峙する双方の視点で描くという工夫が凝らされている。

主人公は、てつお。学校から帰ると、自転車に乗って近所をうろうろする。ともだちが欲しいのだ。顔見知りの子に声をかけたいのだが、「バイバイ」としか言えない。「バイバイ」と言いながら近づくから、みんなが警戒する。この絵本は、反対から開くと、年下のきんじが主人公として登場する。きんじは、いつも考えている。なんで、「バイバイ」って言いながら近づいてくるのかと。

はたして二人は、ともだちになれるのか。その問いの答えは、地域所属を視野に入れたこの先のとりくみにある。

「地域所属」という用語は、筑後養護学校のグループ研究の積み上げによって、実践的に検証され、使われてきた。そして現在では、全国に発信されるまでになっている。

地域所属の推進は、学校だけでなく自治体や福祉分野の関係者が、医療関係や労働関係や地域の経験者などが、それぞれの立場で連携を定着させていくことで可能になっていく。そうした認識のもと、私たちはこれからも、児童生徒の暮らしの現実に深く学びつつ、持続可能な解決方法の筋道を進んで行くことになるだろう。

蛭子丸

「蛭子丸」という漁船がある。熊本県天草の御所浦島《ごしょのうら》を訪れた際に、そのことを知った。

御所浦へは、天草上島の大道《おおどう》港から海上タクシーで渡してもらうのだが、その時、私たちは池の浦港から出航し、嵐口《あらぐち》港をめざした。目的は釣り。夏の潮風に心が騒いでいた。

「とうとう天草まで来てしまったね。だけど、今度は本当に釣れるのかな、農中くん」

港に着岸して艀《はしけ》に荷物を置くと、同行の小林先生が、皮肉をこめながらも満面の笑み。

「ところで農中くん。ここから見えるあの島、横浦《よこうら》だよね」と小林先生。

釣りをする前に横浦島に渡ってみようと誘われた。東京学芸大学時代の恩師である小林文人先生は、自身が学生だった頃に、横浦島で農村社会学の調査をされていた。当時の網元の名は「えびす」。カタクチイワシ漁で賑わっていたという。

横浦の港には、「蛭子丸」と書かれた漁船がずらりと停泊していた。第一蛭子丸から第七蛭子丸まで、行儀よく順に並んでいた。「蛭子」を「ひるこ」と勝手に読んだが、なんとなく違うような気がした。嵐口の宿に戻り、「蛭子」は「えびす」と読むことを初めて知った。

それから数年後のこと、福岡県宗像の伝統行事みあれ祭を、テレビで観ていた。大船団が神湊《こおのみなと》と大島の間を波しぶきを立てて行進していた。宗像沖の島の沖津宮《おきつみや》、そして中津宮、辺津宮《へつのみや》の神事を演出するもので、毎年十月一日の朝に行われているそうである。

しんがりを走る漁船に「蛭子丸」の文字が見えた。天草で見たのと同じ「蛭子丸」である。その時、「蛭子丸」には伝説のようなものがあるのではと思った。

私は波止釣りが好きで、年に数回行く。しかし、遠くまで行ってもたいした釣果はない。それでもいつかは、型のいい魚の「入れ食い」というものを体験してみたい。そんな波止はないかと探し求め、自宅からはるかに遠い大分県の鶴見崎まで来ていた。

　釣りをする時間より、行き帰りに要する時間の方が長い。それでも、出かけると心が軽くなる。仕事のことを忘れ、頭が空っぽになる。そして突然、名案が浮かんだりする。私にとっては、なくてはならない大切な時間。

　すると、釣り場に選んだ小さな港のふところに、ゆったりと停泊している漁船が目にとまった。「蛭子丸」と書かれていた。存在感があり、港の主のように見えた。

　この時、ひらめいた。日本の漁船には人の名前と同様にたくさんの名前があるが、そのなかで一番多い名前は何かということ。船名台帳があるとして、それを閲覧したわけではないが、「蛭子丸」だと思った。

　それまでの発見と気づきからして、全国のおもな漁港には、かならずといっていいほど「蛭子丸」が係留されている。「若蛭子丸」という船もある。そうしたことをつなぎ合わせると、一番多いのは「蛭子丸」。私の勝手な想像に過ぎないかもしれないが、きっとそうだと思うようになった。

　ではなぜ、船乗りたちは自分の船に「蛭子丸」という名前を付けたのか。確かめていくと、「えびす」はさまざまに表現されていた。

　まず、七福神の一人がエビスさん。祀《まつ》ると縁起がいいとされている。そして、東京山手線の渋谷の隣が恵比寿駅。恵比寿は恵比須とも書く。

　辞書で調べると、東夷《とうい》の「夷《い》」、北狄《ほくてき》の「狄《てき》」、西戎《せいじゅう》の「戎《じゅう》」は、いずれも「えびす」と読む。つまり、「えびす」と読む漢字には、恵比寿、恵比須、夷、狄、戎、胡、蛭子などがあった。

私は、意味の違いに注目した。いわゆる「エビスさん」や恵比寿、恵比須などは、恵みをもたらす存在としての「えびす」。反対に夷や狄や戎は、警戒を要する不吉な存在としての「えびす」。

では、「蛭子」と表記される「えびす」は何者なのか。誰かの示唆が、耳に残っていた。

「たしかイザナキとイザナミの話に出てくる……」

だとすれば、日本の神話に記された物語である。そして数年後に、手がかりを見つけた。古事記に、蛭子の物語があった。

学校の本棚を整理している時のことだった。『世界の名作図書館』（一九六七年／講談社）という古い全集があり、その一冊が、坪田譲治の『日本の神話』だった。めくっているうちに、次のような記述を見つけた。

神さまがたが、あるとき、よりあつまって、そうだんしました。

「ひとつ、国をつくろうではないか」

そこで、イザナキノミコトとイザナミノミコトという、ふたりの神さまに、国をつくるようおいいつけになりました。（略）ふたりは結婚しました。そしてすぐ生まれた子が、なんとひるににた子どもです。ひるというのを知っていますか。水の中にいて、さかなや人にすいついて血をすう、あのぐにゃぐにゃの小さな動物です。こんないやなものににた子が生まれたので、これはあしでつくった船に乗せて、海に流しました。

原文にはどう記されているのか。岩波文庫の『古事記』（一九六三年初版／二〇一一年）には、次のように簡潔に記されていた。

然れどもくみどに興《おこ》して生める子は、水蛭子《ひるこ》。この子は葦船《あしぶね》に入れて流し去《う》てき。次に淡島を生みき。

国造りの神であるイザナキとイザナミの間に子どもが生まれた。その子は、まるで骨がない蛭《ひる》のような体の子だった。そこで、ヒルコ＝蛭子と名付けられた。つまり、重度の「障害」児。イザナキとイザナミは生い茂る葦で小舟をこしらえて、それを海に浮かべた。生まれてまもない蛭子は、その葦船に乗せられ、行方も知れずに流された。

この話は神話である。神話は人々のあいだで代々語り継がれ、不思議な力を秘めている。では、この蛭子神話は、私たちにどんな影響を与えているのか。後世の私たちは、どういう人生観を学びとっているのだろう。

国造りの話とはいえ、物語は擬人化されている。擬人化されれば人格がともなう。ある状況下での、人間としての選択が行動として示される。

はたして蛭子は、お母さんにお乳をもらったのだろうか。お父さんに抱いてもらったのだろうか。湯浴みさせてもらったのだろうか。笑ったのだろうか。どんな着物を着せてもらったのだろうか。蛭子は葦の小船に横たえられた時、どんな表情をしていたのだろうか。

だが、そうしたことについてはいっさいわからない。どの記述も、蛭子の側には立っていないからだ。とにかく、イザナキとイザナミは蛭子を葦の小舟に乗せ、海原に流しやった。古事記のこの場面は、どう解釈しようと親による子捨てである。それは、結果的に乳児殺しにつながる。そして、そのような内容のまま現在に伝わっているということなのだ。

ここからは個人的な解釈だが、私は次のように考えている。

神々から命を受けて子づくりに励んだイザナミとイザナキに、最初の子どもができた。ところが、完璧を求める神々からは期待に添えない子とされ、蛭子と名付けられた。イザナミとイザナキは、蛭子が始末されるかもしれないその前に、命だけは助けなければと、葦で小舟を作って蛭子を横たえた。誰かが拾ってくれれば助かる。両親はそう願いながら潮の流れに押しやり、祈り続けた……。

さて、海は広い。すべての海とつながっている。海で漁をしていれば、いつかどこかで蛭子と出会うかもしれない。蛭子は悲しんでいることだろう。怒っているかもしれない。海が荒れたり、魚が獲れなくなれば、それは蛭子のたたりだ。怖れは、海に出る人にとっての宿命となり今に続く。なにしろ蛭子は、吉と凶の両面をあわせ持つ「えびす」なのだから。人々は語りつぐなかで、いつしか蛭子を神様として崇《あが》めるようになった。それが、「エビスさん」。「エビスさん」は七福神の一人となり、私たちの暮らしのなかに溶けこんだ。

さらに、蛭子に寄り添い、蛭子への供養を忘れずに海に出て行くならば、かならずや蛭子の魂がそばにいて守ってくれる。最悪の事態は避けられ、一命はとりとめられる。そのように考えた船乗りたちは、みずからの船に蛭子の名前を冠して「蛭子丸」と命名した。蛭子の魂と共に生きていくことの宣言である。

私がよく行く釣り場の近くにも、釣り竿を担いで微笑むエビスさんが祀られている。釣り場に着いたら、両手を合わせてパチン。楽しく安全な釣りができますようにと祈ることができる。

海での安全と豊漁を、蛭子に祈願する。蛭子の運命に思いを寄せる人々の祈りを乗せて、今日も「蛭子丸」は漁場へと向かっていることだろう。

もう一つの神話を

私が幼稚園児だった頃のこと。麦刈りや田植えや稲刈りの季節になると、父は三池炭鉱資材課の仕事を休み、実家に戻って手伝いをしていた。「有給休暇」という言葉が、今も耳に残っている。私も幼稚園を休み、一緒に行っていた。

父の実家は、熊本県南部にある三太郎峠が水俣方面に下っていく辺りにあって、山腹を横切る鹿児島本線が見えていた。家の南側の中央の部屋に、曽祖母のキヨさんがいた。冬の晴れた日には、縁側に暖かい陽がさし込む。記憶の中のキヨさんは、白っぽい浴衣姿で横になっていることが多かった。お茶や食事は、家族の誰かが運んでいた。

駅を発車する蒸気機関車の、ボォーという音が聞こえると、やがて、上り勾配《こうばい》にさしかかる汽車

が見える。それを見たい一心で、私はお茶運びなどを口実に、キヨさんの部屋の縁側に急いだ。キヨさんはどことなく怖い人だったが、行儀よくしていれば、縁側にいることができた。夏の夜には、キヨさんは蚊帳の中にいた。

夜、力強い連続音を響かせ、暗闇を進む機関車は、どこか遠い魅力的な世界に向かっているようだった。機関車の罐《かま》の焚《た》き口が開かれ、運転席が赤く輝くたびに心が躍った。私は口実を考えてはキヨさんの部屋の縁側にいて、懲《こ》りることなく、夜汽車の通過を見ていた。

「茂徳……」

部屋を出ようとした時、キヨさんから声をかけられた。気むずかしく、怖い感じの人なので、何を言われるのだろうかと緊張し、座りなおした。

「こんどここに来るとは、正月じゃろかね。いっとき汽車は見られんたいね」

「ぼくは、まだ帰ろごんなか。お父さんに言うて、ここにおらせてもらう」

「ほう、茂徳が一人でここにおりきっどか。おりきれれば、たいしたもんじゃが」

そんな会話だったと思う。キヨさんはいつもとは違い、いたずらっぽく笑っていた。

そのキヨさんだが、暮らしのほとんどは家族に支えられていた。キヨさんの部屋は、家の中では一番居心地がいいと思われる場所で、玄関に近く、人の出入りもよく見えていた。

来客があれば顔を合せ、言葉を交わすこともできた。まさに、家では中心の人だった。働き手の中心は、叔父、叔母、祖父、祖母だったから、私にとっては、不思議な存在の人だった。というか、そうやってキヨさんを支える家族に、不思議なほどの律儀さを感じていた。

たいした稼ぎもなく、病気や「障害」などの「課題」をもつ人が自宅にいて、家の中心の部屋で暮らしているという事例は、どれくらいあるのだろうか。玄関のチャイムが鳴った時、誰かに入口の戸を開けてもらわなければならない人が、なおも家の中心的存在でいられるとすれば、それはすてきなことだと思う。

しかし現実には、何らかの「課題」をもつ人は、家の中の目立たない部屋に置かれ、ひっそりと暮らしている。そんなことが圧倒的に多いのが、この国の現実であろう。

さらに思いつめたり、介護に疲れたり、どう生きて行けばいいのかわからなくなった人が、衝動的にあるいは計画的に大切な人を殺《あや》めてしまう。そうした事件がしばしば起きてきたし、今も起きている。

「やってしまう」場合と「思いとどまる」場合との違いは、どこにあるのだろうか。案外、紙一重なのかもしれない。「健常」者と言われている人が「障害」者や高齢者を殺める。その根っこには何があるのか。

私のなかで、蛭子神話の語り継ぎが浮上する。

古事記のなかのイザナキとイザナミの蛭子神話には、普通ではないと烙印された者への処遇が記されていた。誕生した子は、まるで骨がない蛭のような体だったから、蛭子と名付けられた。両親は葦で小舟をこしらえ、それに蛭子を乗せて海に流した。

言葉を発しなかったからか？　役に立ちそうになかったからか？　しかし、理由が何であれ、その物語は時を越え、今日の社会に強い影響を及ぼしている。私にはそう思えてならない。

そして二〇〇一年の四月。そうした出来事が現実となり、自分の身近なところで起きた。私が勤めていた養護学校高等部の訪問学級に、中野晋平《しんぺい》さんが入学することになったのである。

晋平さんは久留米市内に住むサッカー少年だった。

中学校二年生だった日の午後、グラウンドでの練習中に天気が一変。雷鳴が轟き、どしゃ降りになった。打ちつける雨の中を、校舎へと避難。その時、雷が晋平さんを直撃した。

救急車が来るまでの約二十分間、晋平さんの瞳孔は開き、心肺停止の状態が続いた。救急車の中で奇跡的に息を吹き返したのだが、肢体不自由や言語障害、視覚障害などいくつかの深刻な後遺症が残り、リハビリができる施設への入所となった。

聴力は機能していたが、食事は経管栄養となり、呼吸のために気管が切開された。入院生活を続けたまま中学三年生になった。それからの一年間は、一度も教室に入ることなく中学を卒業することに。卒業後は、養護学校の高等部の訪問教育部への進学が考えられていた。

しかし、福岡県の条例では、高等部訪問教育への入学条件は、養護学校の中学部の卒業生、もしくは一般中学校の特殊学級の卒業生に限られていた。したがって、晋平さんの入学がかなうのかどうか、関係者は不安をつのらせていた。

やがて、お母さんの強い思いが状況を動かし、二年遅れで入学する道が開かれた。高等部の高口《こうぐち》先生が担任になった。その日、お母さんの高口先生への言葉には、入学できた安堵感と、訪問教育への強い期待がこめられていた。

高口先生は、晋平さんが本来の笑顔を取り戻してくれることを目標にした。晋平さんも努力した。しかし、晋平さんの表情はなかなかごまない。高口先生は授業のたびに試行錯誤。心が揺れていた。

そして五月末のこと、その日は、季節はずれの台風が近づいていた。

晋平さんは、施設の駐車場まで出て風に当たっていた。雨が降りだしたので、高口先生が屋内に入るよと声をかけた。すると晋平さんは、このままがいいと言う。「それは自殺行為だろう」と、高口先生は施設のスタッフと笑ったのだが、自分の言葉にドキッとした。もしかしたら、晋平さんは死ぬことを真剣に考えているのではないか。高口先生は困惑し、心が乱れた。

それから数日後、揺れる心を立て直し、勇気を振り絞って尋ねることにした。

「晋平、もしかしたら死にたいと?」

すると、晋平さんは「……はい」と言ったのだ。

やはりそうだった。死にたいという理由は、自分が存在している意味がわからないこと。そして、自分の将来に展望が持てないこと。高口先生は、返す言葉を失っていた。

施設の運動会が行われた日に、髙口先生はお母さんにそのことを伝え、相談した。話を聞いたお母さんは、しばらく考えていたが、やがて晋平さんに語りかけた。

いつかは来ると、思いよったけど、もっと機能が回復してからやろうと思いよった。けどね晋平、事故に遭う前のこと覚えとるね。「母ちゃん、俺が死んだら悲しいか?」って、きいたろう。そのとき母ちゃんはなんて答えたね。「悲しかどころの話やない」って、言うたよね。ところがなんね、あんたは、そんかこつば考えよったとね。

母ちゃんの思いは、いっちょんかわっとらんよ。いや、あんときより強う、そげん思いよる。あんたに出会えて、良かったって思いよる人が、いっぱいおるやろう。あんたの存在は、そげんでかいとよ。

諭しながらお母さんは泣いていた。晋平さんも、声をあげて泣きだした。

これはまだ通過点であると、髙口先生は言っている。

たしかに、晋平さんにとっては一つの通過点である。晋平さんの人生は、これからもずっと続いていくのだから。

晋平さんと晋平さんの家族、そして晋平さんと出会った人たちの生き方は、蛭子神話の世界と対極の世界を創り出している。それは、深刻な「課題」を背景に、親がその子を殺すとか、道連れ心中をするという事件の世界と、真っこうから対峙する。

さらに、夜汽車の見える部屋で暮らしていたキヨさんの場合も、蛭子神話の世界と真っこうから対峙している。

通常の暮らしに「課題」をかかえている人たちが、お出かけをして景色を見る。人生を語り、笑顔で食事をとる。四季を感じて音楽を聴く。しかし、このあたりまえであるはずのことが、現実には逸《そ》れてしまう。周りの人たちの生き方や世界観によって、大きく左右されてしまうからだ。そして、そこに私たちもいる。

神話の世界で生まれた蛭子は、生まれてまもなく、葦の小舟で海に押しやられた。もう一つの物語がほしいと思う。蛭子が海に流されず、家族とともに暮らしていくという物語を。

世界の国々を巡れば、きっとどこかにあるだろう。見つからなければ創り出す。その一つが、晋平さんの人生と暮らし方なのだ。

晋平さんを中心として、人間関係が豊かに紡がれていけば、それが期待の物語になっていく。もちろんその努力は、家族だけに託された問題ではない。同時代を生きている私たちそれぞれに委ねられているのだ。そして、その物語の展開は、どこまでも私たちの工夫次第。

晋平さんは中野晋平として存在し、考え続けている。私たちも、同様に考え続けている。

なにしろ、人生を紡いでいる私たちは、「われ在り、ゆえに、われ思う」の存在なのだから。よき日々の実感。それをもたらしてくれるであろう、もう一つの物語を。そして、もう一つの神話を。

あとがき

私の故郷は、福岡県大牟田市の三池炭鉱宮原社宅。私が六年生になった頃、母校の駛馬《はやめ》北小学校には、二千を超える子どもたちが通っていた。社宅の広場や、学校の運動場で遊びながら叫んでいた声が、今でもよみがえって来る。遊びに夢中になり、縫合を必要とする大きな外傷《けが》もした。その時の傷のいくつかが記念品のように残っている。

進路選択の日が近づき、私は大学に進む決心をした。

私にとっての大学受験は「あたって砕けろ」だった。東京学芸大学を受験したいと親に相談した時、日々の衣食すらぎりぎりの状態であることは私にもわかっていた。いわゆる三池闘争で組合が敗けると、三池炭鉱労働組合（三池労組）に残っていた父は、露骨な配置転換を強いられ、給料も下げられていた。熱心に育ててくれていた後添えの母は、内職をする時間が増えていた。両親の本音は、「砕けてほしい」だったのではないだろうか。

しかし、合格の電報が届いた日の夕食には、尾頭《おかしら》つきが用意されていた。満面の笑みで、「おめでとう」と言ってもらった。私のなかに「ごめんなさい」という気持ちがこみ上げていた。私は、「ありがとうございます」と両親に深く感謝した。日本育英会から支給されるはずの特別奨学金八千円が頼りだった。私はそれなりに恵まれているのだと思った。

その一方で、私のなかには不意に頭をもたげる一つの記憶があった。古傷のようなもので、その傷を「だけど」という言葉で癒してもいた。自分の力ではどうにもできなかった悲しい出来事だった。その後のことが思い出せないのだが、私はその日から、ひたすら前だけを向いて生きていた。「だけど、いつかわかる時がくるから」という言葉を、くりかえし自分に言いきかせながら。

小学校二年生の課程を修了した春休みだった。晴れてはいたが、肌寒さを感じる市内の公園にいた。私は母と二人でピクニック気分だった。ちょうど弁当を開いていた。ところが、母に笑顔がない。何か考えこんでいる様子なのだ。やがて、母がつぶやくように言ったのである。

「しげのり、一緒に死んでくれんか」と。

私は驚いた。突然の、信じられない言葉だった。返す言葉が見つからない。「どうして？」ときくのも怖かった。私は下を向いたまま、やっとの思いで返事をした。

「まだ、ぼくは死にたくない」

それだけ言うのが精いっぱいだった。私は母の顔を見ることができないでいた。母は私の返事にたいして、「そうか」とだけ言ったような気がする。せっかくのゴマ塩まぶしのおにぎりが曇って見えた。その半年後、母は、突然私のもとから去っていった。

そして私は、近所の人たちから、励ましにもならない同情の言葉をかけられるのだった。「よか女性《ひと》と思いよったばってん、人間ちゃわからんね」「あんたのお父さんは、出来とらす。お母さんの悪口ば言わっさんもん」

不思議なことに、母を恨《うら》む気持ちは起きなかった。ただ、寂しかった。そして今、私は母からの「死への誘い」を受け、「まだ、ぼくは死にたくない」と返したことについて考えている。黙ってついていくこともありえただろうに、なぜ、きっぱりと断ったのだろうかと。

母は、もの心がついた頃の私に、縁側や日だまりの部屋でいろいろな話をしてくれていた。絵本があったわけではない。物語は、母の頭のなかにあった。思い出してみると、たとえば、オー・ヘンリーの『二十年後』、ビクトル・ユゴーの『レ・ミゼラブル』、菊池寛の『恩讐の彼方に』……。

これらの物語には共通する世界がある。それは、主人公が十年、二十年という長い年月、つらい状況のなかで生きぬいたということ。その後に、思いがけない展開が待っていたということ。あきらめずに生きていけば希望が見えて来るのだということ。

そうした学びのなかで、私は生きぬいていくことの大切さを知った。最も信頼する母から学んだ「生きていく力」は、少々のことで揺らぐものではなかった。物語を聞きながら、私は十年後、二十年後の世界にワクワクしていた。

だからこそ、私は「死にたくない」という言葉を発した。つまり、私はその時、すでに巣立っていたのだと思う。そういう私に母がしてくれていたということに感謝しておきたい。

おとなになってから、私は教員の仕事をしてきた。仕事をしていると次々と分岐点が現れ、自分の責任で道を選択しなければならなかった。決めた道を進みながらいろんなことを考えていた。そして、あたりまえと思っている風景や状況が、時の流れとともに消滅していくことを知った。気がつけば、記録がたまっていた。

そうしたものを福岡県人権・同和教育研究協議会の季刊誌「ウィンズ・風」に寄稿したところ、運よく掲載させてもらった。それらを整理したものがこの本である。季刊誌担当の先生方に感謝しなければと思う。なかでも鮫島栄一さんには、本当にお世話になった。

ぜひ本にと声をかけ続けてくださった小林文人先生、やっとできました。まとめた原稿に目を通し、示唆を与え続けてくれた小笠原和彦さん、二宮明裕さん、永塚正博さん、そして古賀皓生先生、ありがとうございました。さらに、本になることを待ち続けてくれた野村信吾さん、戸高きぬえさん、倉島圭子さん、末本誠さん、上野景三さん、生田昭夫さん、星野常夫さん、ありがとうございました。

最後に、二〇一七年七月五日の豪雨で家が倒壊という状況のなか、笑顔でイラストを用意してくれた奈須雅彦さん、ありがとうございました。また、石風社代表の福元満治さん、さらに江崎尚裕さん、今回もまた、おおいに困らせたことと思います。ありがとうございました。

二〇一八年六月　　農中茂徳

農中茂徳（のうなか　しげのり）

1946年生まれ。大牟田市立駛馬《はやめ》北小学校、米生《よねお》中学校、
福岡県立大牟田南高等学校で学ぶ。
東京学芸大学を卒業。
福岡県人権・同和教育研究協議会会員。
著書『三池炭鉱 宮原社宅の少年』（石風社　2016年）

だけど だいじょうぶ
――「特別支援」の現場から

二〇一八年六月二十一日初版第一刷発行

著　者　農　中　茂　徳
発行者　福　元　満　治
発行所　石　風　社
福岡市中央区渡辺通二―三―二十四
電　話　〇九二（七一四）四八三八
ＦＡＸ　〇九二（七二五）三四四〇
印刷製本　シナノパブリッシングプレス

＊表示価格は本体価格。定価は本体価格プラス税です。

中村　哲
ペシャワールにて〔増補版〕　癩《らい》そしてアフガン難民

数百万人のアフガン難民が流入するパキスタン・ペシャワールの地で、ハンセン病患者と難民の診療に従事する日本人医師が、高度消費社会に生きる私たち日本人に向けて放った痛烈なメッセージ
【8刷】1800円

中村　哲
ダラエ・ヌールへの道　アフガン難民とともに
＊アジア太平洋賞特別賞

一人の日本人医師が、現地との軋轢《あつれき》、日本人ボランティアの挫折、自らの内面の検証等、血の吹き出す苦闘を通して、ニッポンとは何か、「国際化」とは何かを根底的に問い直す渾身のメッセージ
【5刷】2000円

中村　哲
医は国境を越えて
＊アジア太平洋賞特別賞

貧困・戦争・民族の対立・近代化——世界のあらゆる矛盾が噴き出す文明の十字路で、ハンセン病の治療と、峻険な山岳地帯の無医村診療を、十五年にわたって続ける一人の日本人医師の苦闘の記録
【8刷】2000円

中村　哲
医者 井戸を掘る　アフガン旱魃《かんばつ》との闘い
＊日本ジャーナリスト会議賞受賞

「とにかく生きておれ！　病気は後で治す」。百年に一度といわれる最悪の大旱魃に襲われたアフガニスタンで、現地住民、そして日本の青年たちとともに千の井戸をもって挑んだ医師の緊急レポート
【12刷】1800円

中村　哲
辺境で診《み》る　辺境から見る

「ペシャワール、この地名が世界認識を根底から変えるほどの意味を帯びて私たちに迫ってきたのは、中村哲の本によってである」（芹沢俊介氏）。戦乱のアフガニスタンで、世の虚構に抗して黙々と活動を続ける医師の思考と実践の軌跡
【5刷】1800円

中村　哲
医者、用水路を拓く　アフガンの大地から世界の虚構に挑む
＊農村農業工学会著作賞受賞

養老孟司氏ほか絶讃。「百の診療所より一本の用水路を」。百年に一度といわれる大旱魃と戦乱に見舞われたアフガニスタン農村の復興のため、全長二五・五キロに及ぶ灌漑用水路を建設する一日本人医師の苦闘と実践の記録
【6刷】1800円

＊読者の皆様へ　小社出版物が店頭にない場合は「地方・小出版流通センター扱」か「日販扱」とご指定の上最寄りの書店にご注文下さい。なお、お急ぎの場合は直接小社宛ご注文下されば、代金後払いにてご送本致します（送料は不要です）。

＊表示価格は本体価格。定価は本体価格プラス税です。

ジェローム・グループマン
美沢惠子 訳
医者は現場でどう考えるか

「間違える医者」と「間違えぬ医者」の思考はどこが異なるのだろうか。臨床現場での具体例をあげながら医師の思考プロセスを探索する医療ルポルタージュ。診断エラーをいかに回避するか——患者と医者にとって喫緊の課題を、医師が追求する

【6刷】2800円

冨田江里子
フィリピンの小さな産院から

近代化の風潮と疲弊した伝統社会との板挟みの中で、多産と貧困に苦しむ途上国の人々。フィリピンの最貧困地区に助産院を開いて13年、一人の助産師の苦闘の日々を通して、人間本来の豊かさとは何かを問う奮闘記

【2刷】1800円

阿部謹也
ヨーロッパを読む

「死者の社会史」、「笛吹き男は何故差別されたか」から「世間論」まで、ヨーロッパにおける近代の成立を鋭く解明しながら、世間的日常と近代的個に分裂して生きる日本知識人の問題に迫る、阿部史学の刺激的エッセンス

【3刷】3500円

渡辺京二
細部にやどる夢　私と西洋文学

少年の日々、退屈極まりなかった世界文学の名作古典が、なぜ、今読めるのか。小説を読む至福と作法について明晰自在に語る評論集。〈目次〉世界文学再訪／トゥルゲーネフ今昔／『エイミー・フォスター』考／書物という宇宙他

1500円

松浦豊敏
越南《えつなん》ルート

華北からインドシナ半島まで四千キロを行軍した冬部隊一兵卒の、戦中戦後を巡る自伝的小説集。戦争を生きた人間の思念が深く静かに鳴り響く、戦争文学の知られざる傑作。別れ／越南ルート／青瓦の家／マン棒とり

1800円

宮崎静夫
十五歳の義勇軍　満州・シベリアの七年

阿蘇の山村を出たひとりの少年がいた——。十五歳で満蒙開拓青少年義勇軍に志願、十七歳で関東軍に志願、敗戦そして四年間のシベリア抑留という過酷な体験を経て帰国、炭焼きや土工をしつつ、絵描きを志した一画家の自伝的エッセイ集

2000円

＊表示価格は本体価格。定価は本体価格＋税です。

日新聞西部本社報道部

北九州市 50年の物語

2013年2月で市制50周年を迎えた北九州市。62年の5市合併から現在まで、忘れられない出来事や事件を、当時の貴重な報道写真とともにふりかえる、半世紀のタイムトラベル。北九州市のディープな記録・記憶が満載の1冊（写真多数収録）**【3刷】1500円**

毎日新聞西部本社報道部

北九州市 戦後70年の物語

終戦から70年、5市合併から51年、秘蔵写真も発掘して北九州の光と影をドキュメントする『北九州市　50年の物語』続編。戦中、戦後の節目に撮影された、庶民の表情あふれる貴重な写真など合わせて180点あまりを掲載**【2刷】1500円**

斉藤泰嘉

佐藤慶太郎伝 東京府美術館を建てた石炭の神様

日本のカーネギーを目指し、日本初の美術館を建て、戦局濃い中「美しい生活とは何か」を希求し続けた九州若松の石炭商の清冽な生涯。「なあに、自分一代で得た金は世の中んために差し出さにゃ」。佐藤新生活館は現在の山の上ホテルに**【2刷】2500円**

長野ヒデ子

ふしぎとうれしい

「生きのいいタイがはねている。そんなふうな本なのよ」（長新太氏）。使い込んだ布のようにやわらかなことばで、絵本と友をいきいきと語る、絵本日本賞作家・長野ヒデ子初のエッセイ集**【3刷】1500円**

井上佳子

三池炭鉱「月の記憶」そして与論《よろん》を出た人びと

囚人労働に始まった三井三池炭鉱百年の歴史。与論から出てきた人びと、中国人、朝鮮人など、過酷な労働によって差別的に支配されながら、懸命に働き、泣き、笑い、強靭に生き抜いた人々を描くノンフィクション**【2刷】1800円**

農中茂徳

三池炭鉱 宮原社宅の少年

昭和30年代の大牟田の光と影。炭鉱社宅での日々を少年の眼を通して生き生きと描く。「宮原社宅で育った自分史が、そのまますぐれて希少な地域史となり、三池争議をはさむ激動の社会史の側面をもっている」（東京学芸大学名誉教授　小林文人）**【3刷】1800円**